Duden

Mathewortschatz für die Grundschule

So verstehst du deine Aufgaben

1. Auflage

von Wiebke Salzmann
und Jana Köppen

mit Bildern von Kerstin Meyer

Dudenverlag
Berlin

Die Rechtschreibung in diesem Buch folgt im Falle von Schreibvarianten den Empfehlungen von Duden – Die deutsche Rechtschreibung.

Beratungsangebot für Eltern und Lehrkräfte (kostenpflichtig):
Die Duden-Sprachberatung beantwortet Fragen zu Rechtschreibung, Grammatik, Zeichensetzung u. Ä.
montags bis freitags zwischen 9:00 und 17:00 Uhr.
Aus Deutschland: **09001 870098** (1,99 € pro Minute aus dem Festnetz)
Aus Österreich: **0900 844144** (1,80 € pro Minute aus dem Festnetz)
Aus der Schweiz: **0900 383360** (3,13 CHF pro Minute aus dem Festnetz)

Die Tarife für Anrufe aus den Mobilfunknetzen können davon abweichen.
Den kostenlosen Newsletter der Duden-Sprachberatung können Sie unter www.duden.de/newsletter abonnieren.

Bibliografische Information der Deutschen Nationalbibliothek
Die Deutsche Nationalbibliothek verzeichnet diese Publikation in der Deutschen Nationalbibliografie; detaillierte bibliografische Daten sind im Internet über http://dnb.dnb.de abrufbar.

 D C B A
Bibliographisches Institut GmbH, Mecklenburgische Straße 53, 14197 Berlin

Redaktionelle Leitung: Dr. Laura Neuhaus
Autorinnen: Jana Köppen, Dr. Wiebke Salzmann
Illustrationen: Kerstin Meyer

Herstellung: Maike Häßler, Alfred Trinnes
Layout: Horst Bachmann, Weinheim
Umschlaggestaltung: 2issue, München
Umschlagillustration: Kerstin Meyer
Satz und Grafiken: Sigrid Hecker, Eppingen
Druck und Bindung: mediaprint solutions GmbH, 33100 Paderborn
Printed in Germany

ISBN 978-3-411-76260-6

www.duden.de

Was hat Mathematik mit Wörtern zu tun?

Wortschatz der Mathematik – das klingt erst einmal seltsam. Hat Mathematik nicht mit Zahlen zu tun? Und gehören Wörter nicht eigentlich in den Deutschunterricht?

Aber sicher hast du auch im Mathematikunterricht viele neue Wörter gelernt. **Parallelogramm**, **Summand** oder **Balkendiagramm**: Solche Begriffe sind schwierig auszusprechen und zu merken.

Wenn du bei einem dieser Wörter vergessen hast, was es bedeutet, kann dieses Buch dir helfen. Du kannst einen Begriff im Inhaltsverzeichnis oder im Register suchen und dann die entsprechende Seite aufschlagen. Dort findest du Erläuterungen zum Begriff, aber auch Beispiele und Hinweise zum Rechnen.

Aber dieses Buch kann dir noch mehr helfen. Bestimmt hast du im Mathematikunterricht schon erlebt, dass Wörter auftauchen, die du aus dem Alltag kennst. Aber in der Mathematik bedeuten sie auf einmal etwas ganz anderes. Manchmal gibt es auch mehrere Formulierungen, mit denen man dasselbe ausdrücken möchte. Man kann sagen: Wir **addieren** 2 und 2. Man kann aber auch sagen: Wir **fügen** zu 2 noch einmal 2 **hinzu**. Bedeutet das dasselbe? Und was ist damit gemeint, dass die **Masse** eine **Größe** ist?

Die Mathematik hat ihre eigene Sprache, die du mit diesem Buch besser verstehen und anwenden kannst. Und wenn du dich mit der Sprache der Mathematik besser auskennst, fällt dir auch das Lernen und Verstehen leichter.

Inhaltsverzeichnis

Natürliche Zahlen

Rechnen

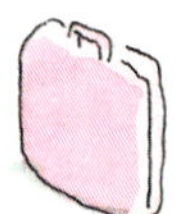

Größen

Geometrie

Daten und Zufall

Anzahlen und Anordnung

Zahlen wie 1, 25, 374 heißen **natürliche Zahlen**. Dieser Begriff bezeichnet einen Zahlenbereich. Natürliche Zahlen erfüllen bestimmte Eigenschaften. Es gibt weitere **Zahlenbereiche**.

Natürliche Zahlen nutzt man zum Beispiel zum Zählen von Gegenständen. Sie geben eine **Anzahl** an.

In den folgenden Angaben treten Zahlen auf, die nicht zu den natürlichen Zahlen gehören:
Die Temperatur beträgt **–5** °C.
In der Kanne ist **½** Liter Saft.

Wie viele sind es?

Es sind fünf Bücher.

Es sind sechs Stück.

Wenn man Dinge in eine Reihenfolge bringt, ordnet man sie. Mit natürlichen Zahlen benennt man auch Plätze und beschreibt Reihenfolgen. Deshalb nennt man diese Zahlen auch Ordnungszahlen.

Wer ist an zweiter Stelle? Ecem ist als **Zweite** ins Ziel gekommen.

Für das Schreiben von Zahlen nutzt man die Zeichen 0, 1, 2, 3, 4, 5, 6, 7, 8 und 9. Sie heißen **Ziffern**. Zahlen können aus einer Ziffer oder aus mehreren Ziffern bestehen.

Zahlen werden auch nach der Anzahl ihrer Stellen benannt. Die Zahlen von 0 bis 9 sind **einstellig**, größere Zahlen sind **mehrstellig**. Natürliche Zahlen von 10 bis 99 heißen **zweistellige Zahlen und werden mit zwei Ziffern geschrieben.** Danach folgen **dreistellige Zahlen** bis 999 und so weiter.

Stellenwertsystem

Die Position einer Ziffer beschreibt ihren Wert. Das nennt man **Stellenwertsystem**. Das **dezimale Stellenwertsystem bündelt** Zehnergruppen zu neuen Gruppen. Das Wort dezimal steht für zehn.

zehn und zwei
→ 1 **Zehner** und 2 **Einer**
→ 12

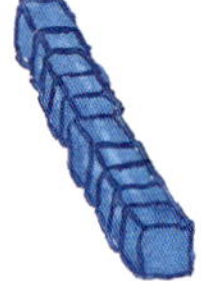

In einer Stellenwerttafel geschrieben:

Die Stellen sind so angeordnet, dass sie von links nach rechts kleiner werden. Bei mehrstelligen Zahlen steht links die Stelle mit dem höchsten Wert.

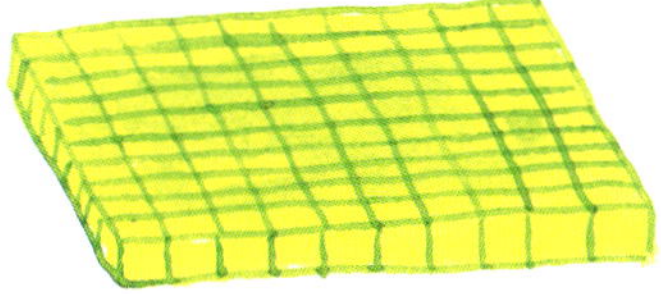

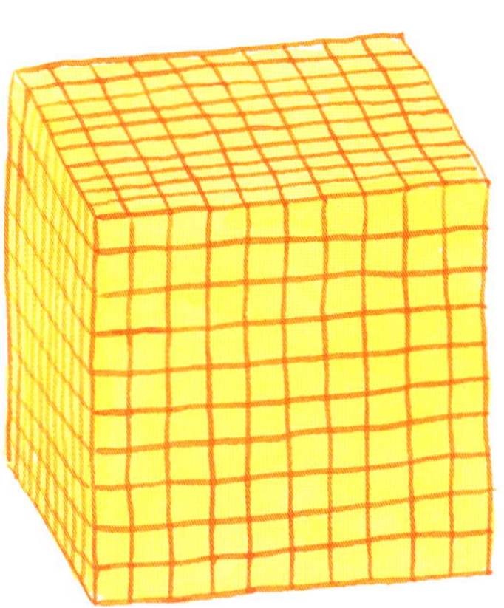

Zehn **Zehner** werden zu einem **Hunderter** gebündelt. Zehn **Hunderter** werden wieder gebündelt und **Tausender** genannt. Dieses Vorgehen wird immer weiter fortgeführt.

In einer **Stellenwerttafel** werden die Anzahlen der Bündelungen deutlich.

H	Z	E
3	4	5

Die Zahl dreihundertfünfundvierzig besteht aus 3 Hundertern, 4 Zehnern und 5 Einern. Schreibweise mit Ziffern: 345

In der Stellenwerttafel nutzt man zur Abkürzung die Anfangsbuchstaben der Namen für die Stellenwerte: T für Tausender, H für Hunderter, Z für Zehner.

Aus den Ziffern 5, 1, 8 können wir verschiedene dreistellige Zahlen bilden: 158, 185, 518, 581, 815, 851.

Wie heißt die Zahl, die aus 2 Hundertern, 8 Zehnern und 5 Einern besteht?

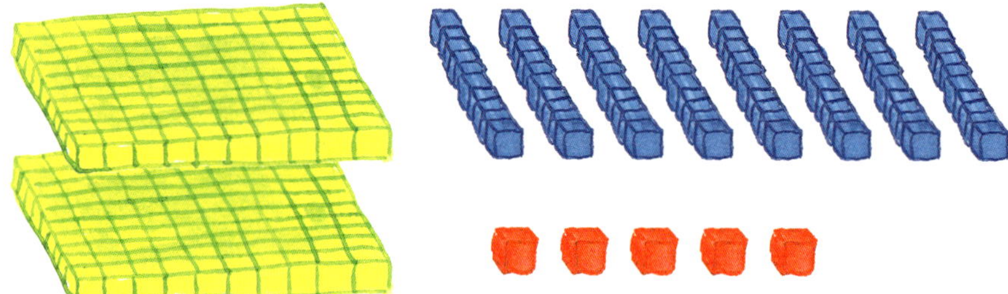

285

Wir betrachten die Position der 9 in drei verschiedenen Zahlen:
Bei der Zahl 119 steht die 9 an der Stelle ganz rechts, der Einerstelle.
Bei der Zahl 191 steht die 9 an der zweiten Position von rechts, der Zehnerstelle, und beschreibt damit eine höhere Anzahl, nämlich 90.
In der Zahl 911 steht die 9 auf der Position links, der Hunderterstelle. Dort steht sie für 9 Hunderter, 900.

H	Z	E
1	1	9
1	9	1
9	1	1

Zahlwörter

Zu jeder Zahl gehört auch ein **Zahlwort**.
Wir nutzen es für das Sprechen der Zahlen.
Die Zahlwörter werden zusammengefügt mit Worten für die Stellenwerte und dem Wörtchen „und“.

-zig oder -ßig steht für die Anzahl der Zehner.
Die Einerstelle wird nicht durch ein zusätzliches Anhängsel gekennzeichnet:

34 Zahlwort: Vierunddrei**ßig**

-hundert steht für die Anzahl der Hunderter.

246 Zahlwort: Zwei**hundert**sechsundvier**zig**

Zählen

Beim **Zählen** bewegt man sich in der Zahlwortreihe. Sagt man die Zahlwortreihe der natürlichen Zahlen ohne Lücke auf, erfolgt das Zählen in Einerschritten. Die Zählrichtung kann dabei vorwärts oder rückwärts sein. Beim Zählen in **Zweierschritten** wird ausgehend von der Startzahl immer eine Zahl ausgelassen. Beim Zählen in **Zehnerschritten** werden immer 10 addiert oder subtrahiert. Entsprechend kann man auch in Hunderterschritten und so weiter zählen.

Die Startzahl ist 435.

Rückwärtszählen ab 435 in Einerschritten:
434, 433, 432, 431 ...

Zählen bis 440 in Einerschritten:
436, 437, 438, 439, 440

Vorwärtszählen in Zehnerschritten:
445, 455, 465, 475 ...

Rückwärtszählen in Hunderterschritten:
335, 235, 135 ...

Gerade und ungerade Zahlen

Ein grundlegendes Merkmal natürlicher Zahlen wird **gerade** oder **ungerade** genannt. Jede natürliche Zahl ist entweder gerade oder ungerade. Aus Anzahlen zu geraden Zahlen können Zweierpaare gebildet werden. Man erkennt sie daran, dass die Ziffer an der letzten Stelle einer Zahl, die Stelle ganz rechts, eine 0, 2, 4, 6 oder 8 ist. Gerade und ungerade Zahlen wechseln sich in der Zählreihe ab.

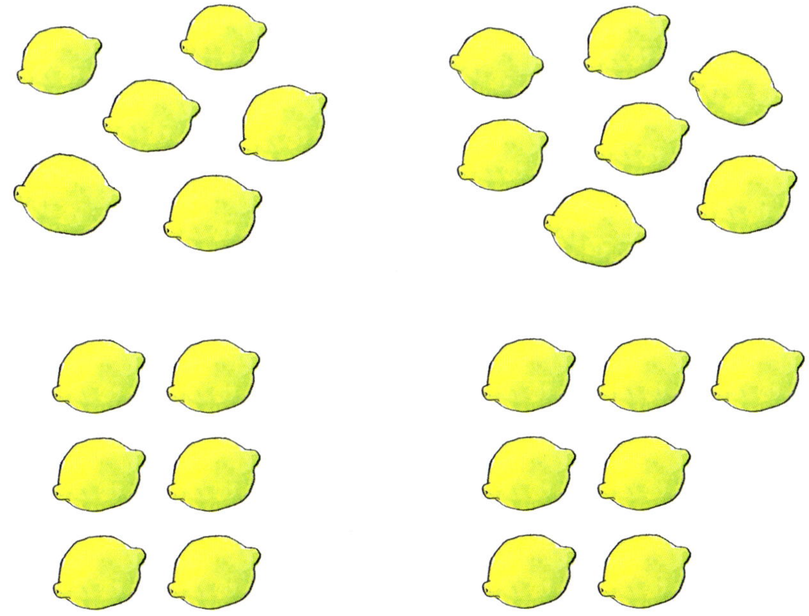

6 ist eine gerade Zahl. 7 ist eine ungerade Zahl.

Zahlenstrahl

In einer **Zahlentafel** oder am **Zahlenstrahl ordnet** man Zahlen der Größe nach. Je nachdem welche Zahlen man am Zahlenstrahl darstellen möchte, wählt man verschiedene **Einteilungen**. Gleiche Abstände zwischen Zahlen spiegeln sich in gleichen Abständen in der Einteilung wider.

Um über Zahlen zu sprechen, nutzt man einige spezielle Begriffe. Als **Zehnerzahlen** bezeichnet man 10, 20, 30, 40 ... Hunderterzahlen sind 100, 200, 300 ... Man nennt zu einer Zahl **Nachbarzahlen**, wie zum Beispiel **Vorgänger** und **Nachfolger** oder **Nachbarzehner**.

Wir betrachten die Zahl 64. 63 wird **Vorgänger** von 64 genannt. 65 ist der **Nachfolger** von 64. 63 und 65 unterscheiden sich um 1 von der Ausgangszahl 64. Um Vorgänger und Nachfolger nicht zu verwechseln, merkt man sich zum Beispiel, dass man 1 addiert, um den Nachfolger zu erhalten.

Die **Nachbarzehner** von 64 sind die nächsten Zehnerzahlen vor und nach 64, also 60 und 70.

Zahlen in Beziehung setzen

Vergleichen

Beim **Vergleichen** von zwei oder mehr Zahlen prüft man, welche der Zahlen kleiner oder größer ist als die anderen. Als Hilfe kann man sich die Anzahlen mit Gegenständen veranschaulichen und prüfen, welche Anzahl mehr oder weniger ist. Möglich ist auch, dass gleich große Zahlen auftreten. Für das Aufschreiben nutzt man die Zeichen > für „größer als“, < für „kleiner als“ und = für „ist genauso groß wie“ oder kurz „ist gleich“. Neben dem Vergleichen kann man auch genauer untersuchen, wie groß der Unterschied zwischen Zahlen ist und mit den Worten **mehr als** oder **weniger als** beschreiben.

15 < 18
15 ist kleiner als 18.
18 ist 3 mehr als 15.
15 ist 3 weniger als 18.
Der Unterschied von 15 und 18 ist 3.

Beispiele zum Vergleichen

Aufgabe	Tipp	Lösung
Vergleiche. Setze >, < oder = ein. 28 .... 31 73 57	Die kleine Spitze des Zeichens zeigt zur kleineren Zahl.	28 < 31 28 **ist kleiner als** 31. 73 > 57 73 **ist größer als** 57.
Ordne die Zahlen der Größe nach. Beginne mit der **kleinsten**. 53, 18, 26, 41	Wir streichen die Zahlen, die schon geprüft wurden.	18, 26, 41, 53 Die **kleinste Zahl** ist 18. Dann folgt 26, danach 41. Die größte Zahl von diesen ist 53.
Welche Zahl ist die **größte dreistellige Zahl**, die aus den Ziffern 1, 3, 5 gebildet werden kann?	Wir schreiben Beispiele auf und stellen sie dar, zum Beispiel 135, 315, 513, 531.	Die **größtmögliche** dreistellige Zahl aus den drei Ziffern ist 531, weil sie aus 5 Hundertern, 3 Zehnern und 1 Einer besteht. Andere Zahlen hätten weniger Hunderter oder weniger Zehner.

Zerlegen und Ergänzen

Man kann Anzahlen in Teilgruppen **zerlegen**. Solche Zerlegungen bilden eine Grundlage für das Rechnen. Man betrachtet dafür besonders alle Zerlegungen in **zwei Teilmengen** der natürlichen Zahlen bis 10.

3 Bananen sind genauso viele wie 2 Bananen **und** 1 Banane zusammen.

4 Bananen sind genauso viel wie 2 Bananen und 2 Bananen.
4 Bananen sind genauso viel wie 3 Bananen und 1 Banane.

Zahlzerlegungen werden häufig in Tabellen notiert.

Für den Auftrag „**Zerlege** 5“ können wir dies zunächst mit Spielsteinen ausprobieren. Anschließend können wir die Ergebnisse in eine Tabelle schreiben.

5	
4	1
3	2
2	3
1	4

Die Zerlegungen können auch als **Gleichungen** geschrieben werden. Bei Gleichungen werden Rechenausdrücke mit ihrem Ergebnis verbunden oder mit einem gleichwertigen Rechenausdruck. Für diese Verbindung verwendet man das Gleichheitszeichen =. Auf beiden Seiten müssen die errechneten Anzahlen gleich groß sein.

$5 = 4 + 1$ 5 ist genauso viel wie 4 plus 1.
$5 = 3 + 2$ 5 ist genauso viel wie 3 plus 2.
$5 = 2 + 3$ 5 ist genauso viel wie 2 plus 3.
$5 = 1 + 4$ 5 ist genauso viel wie 1 plus 4.

Dabei ist nicht wichtig, auf welcher Seite des Gleichheitszeichens die 5 steht.

$3 + 2 = 5$ 3 plus 2 ist genauso viel wie 5.

Mit den Entdeckungen, die wir für Zahlen bis 10 gemacht haben, wissen wir dann auch diese Aufgaben:

$50 = 40 + 10$ $50 = 20 + 30$
$50 = 30 + 20$ $50 = 10 + 40$

10	
9	1
8	2
7	3
6	4
5	5
4	6
3	7
2	8
1	9

Je größer die Zahl ist, umso mehr Zerlegungen in zwei Teilmengen sind möglich.

Das **Ergänzen** benötigt man ebenfalls für das Rechnen. Es bedeutet, dass Anzahlen erhöht werden, bis eine bestimmte andere Anzahl erreicht ist. Man möchte insbesondere wissen, wie viel zu einer einstelligen Zahl bis 10 ergänzt werden muss, die **Zehnerergänzung**. Diese überträgt man dann auf größere Zahlen. Die Zehnerergänzung ergibt sich aus den Zerlegungen der Anzahl 10 in zwei Teilmengen.

6 Käfer

Wir ergänzen vier, damit es 10 Käfer sind.

Mögliche Aufgabe	Mögliche Frage	Antworten
Ergänze bis 10. 7 + ... = 10	Wie viel fehlt bis 10?	7 + 3 = 10 Von 7 bis 10 fehlen 3.
Ergänze bis zur nächsten Zehnerzahl. 37 + ... = ...	Wie viele fehlen bis zur nächsten Zehnerzahl?	Die nächste Zehnerzahl ist 40. 37 + 3 = 40 Von 37 bis 40 fehlen 3.
Ergänze bis 100. 70 + ... = ...	Wie viel fehlt bis 100?	70 + 30 = 100 Von 70 bis 100 fehlen 30.

Runden

Zahlen werden **gerundet** und dabei geht es nicht um den Begriff „rund“ aus der Geometrie. Beim **Runden von Zahlen** werden für die betrachtete Zahl Nachbarzahlen angegeben. Man sucht zum Beispiel den näher an der Zahl liegenden Nachbarzehner oder den näher an der Zahl liegenden Nachbarhunderter. Das Runden hilft dabei, die Einordnung der Zahl in ihre Umgebung zu verstehen. Je nach Verwendung der Zahl im Alltag hilft das Runden auch für eine Vereinfachung.

Die Fußballschuhe kosten 57 Euro.
Die Zahl 57 runden wir auf die Zehnerzahl 60, weil sie näher bei 60 liegt als 50.

geschrieben: $57 \approx 60$

Einfacher können wir also sagen, dass die Fußballschuhe rund 60 Euro kosten.

Bei höheren Zahlen soll oft auf eine bestimmte Stelle gerundet werden.

Verdoppeln und Halbieren

Rechnen bedeutet, Anzahlen zu verändern.

Die Hälfte oder das Doppelte einer Zahl sicher und schnell ermitteln zu können, hilft beim geschickten Rechnen und bei vielen Abschätzungen im Alltag.

Verdoppeln bedeutet, eine Anzahl, die vorhanden ist, noch einmal dazuzulegen. Man kann zum Beispiel rechnen und zu einer Zahl dieselbe Zahl noch einmal addieren, um ihr **Doppeltes** zu erhalten. Man kann aber auch einen Spiegel nutzen. Ohne Spiegel sieht man nur das Original. Mit dem Spiegel sieht man mit Original und Spiegelbild doppelt so viel. Man kann jede Zahl verdoppeln. Man kann auch Figuren oder Flächen verdoppeln.

Es sind 3 Stück. Wir legen noch einmal 3 Stück dazu. Das Doppelte von 3 ist 6. Wir können auch sagen: 6 sind doppelt so viel wie 3.

Die Figuren, die wir insgesamt sehen, sind doppelt so viele wie die Figuren vor dem Spiegel.

Das Doppelte von 31 ist 62. 31 + 31 = 62

Halbieren einer Menge bedeutet, eine Anzahl in zwei gleich große **Teilmengen** zu zerlegen. Man kann Halbieren als Umkehrung des Verdoppelns erklären. Einige Gegenstände und Formen kann man auch halbieren, wenn man sie zum Beispiel in zwei gleiche Teile schneiden kann. Man bekommt dann **eine Hälfte.**

Es sind 8 Stück. Wir können daraus zwei gleich große Mengen mit jeweils 4 Stück bilden. Die Hälfte von 8 sind 4. Umgekehrt kann man sagen: Das Doppelte von 4 sind 8.

Im Bereich der natürlichen Zahlen kann man nicht für jede Zahl die Hälfte bestimmen.

Addition

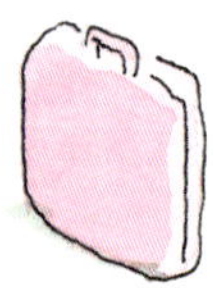

Die **Addition** wird in der Umgangssprache **Plusrechnen** genannt. **Addieren** bedeutet, Anzahlen zu vereinigen. Dazu kann man sich verschiedene Alltagssituationen vorstellen. Es ist eine Anzahl von Dingen da, dann wird eine andere Stückzahl dazugetan. Oder man stellt sich vor, dass man mehrere Mengen von Dingen hat, die man zu einer Menge zusammenfügen will. Das Zusammenfügen kann man mit einer **Additionsaufgabe** beschreiben.

Eine **Rechengeschichte** zu dem Bild kann sein:
5 Menschen warten schon an der Haltestelle. Dann kommen noch 2 dazu. Es warten nun 7 Menschen auf den Bus. Als Rechenaufgabe passt dazu: 5 + 2 = 7.

Zu dem Bild kann man sich aber auch andere Rechengeschichten überlegen.

Summanden heißen die Zahlen zu den Mengen, die zusammengefügt werden. In einer Plusaufgabe können beliebig viele Summanden auftreten. **Summe** ist der Begriff für das Ergebnis einer Plusaufgabe. Sie beschreibt die Anzahl in der zusammengefügten Menge. Beim Rechnen darf man die Reihenfolge der Summanden selbst wählen. Damit kann man sich das Herausfinden der Summe erleichtern. Hingegen besteht im Ablauf der Alltagssituation eine bestimmte Reihenfolge. Würde man diese verändern, hat man eine andere Situation. Bei zwei Summanden spricht man von der **Tauschaufgabe**, wenn man die Reihenfolge der Summanden tauscht.

Eine **Rechengeschichte** zu diesen Körben kann sein: 3 Kinder haben Äpfel gepflückt. Insgesamt sind es 16 Äpfel. Es werden also die Mengen von 5 Äpfeln, 6 Äpfeln und 5 Äpfeln zusammengefügt zu einer Menge. Als Rechenaufgabe passt dazu: 5 + 6 + 5 = 16.

In dieser Gleichung treten drei Summanden auf: 5, 5 und 6. Die Summe ist 16.

Im Beispiel der Äpfel kann auch 5 + 5 + 6 = 16 oder 6 + 5 + 5 = 16 geschrieben werden. Wir erhalten immer dasselbe Ergebnis.

Die Tauschaufgabe zu 5 + 2 = 7 ist 2 + 5 = 7.

Bestimme die Summe der Zahlen 2 und 7. Das bedeutet, dass wir 2 + 7 = 9 rechnen können und 7 + 2 = 9.

Von einer **Nachbaraufgabe** spricht man, wenn ein Summand um 1 erhöht oder um 1 verringert wird. Die Summe erhöht oder verringert sich dann in gleicher Weise. Man nutzt Nachbaraufgaben, um sich das Rechnen zu erleichtern.

5 + 5 = 10: Eine Nachbaraufgabe dazu ist 5 + $\underline{4}$ = $\underline{9}$.

Subtraktion

Die **Subtraktion** wird in der Umgangssprache **Minusrechnen** genannt. **Subtrahieren** bedeutet, Anzahlen zu verringern oder ihren Unterschied zu bestimmen. Dazu kann man sich verschiedene Alltagssituationen vorstellen. Es ist eine Anzahl von Dingen da, dann wird eine andere Stückzahl weggenommen, verbraucht, aufgegessen oder sie verschwindet. Oder man stellt sich vor, dass man zwei Mengen von Dingen hat. Will man den Unterschied der Anzahlen bestimmen, kann man das mit einer **Subtraktionsaufgabe** beschreiben. Man untersucht dann, um wie viel die eine Anzahl kleiner ist als die andere.

Eine **Rechengeschichte** zu diesem Bild kann sein:
5 Menschen warten an der Haltestelle. Die beiden Kinder steigen gleich in einen Bus ein. Dann bleiben nur noch 3 Menschen an der Haltestelle. Als Rechenaufgabe passt dazu: $5 - 2 = 3$.

Zu dem Bild können wir uns aber auch andere Rechengeschichten überlegen.

Eine **Rechengeschichte** zu diesem Bild kann sein:
Elmar hat 5 Äpfel gepflückt. Merle hat 6 Äpfel gepflückt.
Wie groß ist der Unterschied?
Oder: Wie viele Äpfel hat das eine Kind mehr als das andere? Merle hat 1 Apfel mehr als Elmar.
Als Rechenaufgabe passt dazu 6 – 5 = 1.

Für die Zahlen in einer Minusaufgabe gibt es auch Begriffe. Da man die Zahlen beim Rechnen nicht vertauschen darf, sind es verschiedene Namen. Die Zahl links vom Minuszeichen heißt **Minuend.** Diese Zahl sagt, wie viel am Anfang vorhanden ist oder wie viele Dinge die größere der beiden Anzahlen meint. Die Zahl rechts vom Minuszeichen heißt **Subtrahend**. Sie gibt an, wie viel weggenommen wird. Sie gibt an, um wie viel sich die Ausgangszahl verringert. Man kann auch sagen, dass sie angibt, wie viele Dinge in einer zweiten, kleineren Menge enthalten sind. Beim Rechnen mit natürlichen Zahlen muss der Subtrahend kleiner als der Minuend oder genauso groß sein, damit die Aufgabe lösbar ist. In einer Alltagssituation kann man höchstens nur so viel wegnehmen, wie vorhanden ist.

Um sich zu merken, wo Subtrahend und Minuend stehen, kann man sich merken, dass im Alphabet M vor S kommt. Der Minuend steht auch links vom Minuszeichen, also vor dem Subtrahend.

Differenz ist der Begriff für das Ergebnis einer Minusaufgabe. Sie beschreibt die Anzahl, die übrig bleibt, wenn von der ursprünglichen Menge etwas weggenommen wurde. Die Differenz ist auch die Zahl, die beschreibt, wie groß der Unterschied zwischen zwei Anzahlen ist. Beim Rechnen darf man die Reihenfolge von Minuend und Subtrahend **nicht** tauschen.

5 – 3 = 2

3 – 5 können wir im Bereich der natürlichen Zahlen nicht rechnen. Der Minuend ist kleiner als der Subtrahend.

Es kann durchaus sein, dass es mehrere Subtrahenden gibt.

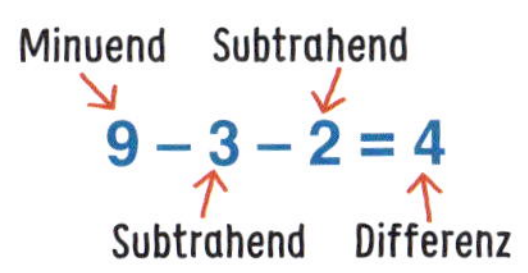

Zu dieser Aufgabe passt diese Rechengeschichte:
Es warten 9 Personen an der Haltestelle. Zuerst steigen 3 Kinder in den Bus. Dann steigen 2 Erwachsene in den Bus. 4 Personen bleiben noch übrig.

Wenn man mehrere Subtrahenden hat, kann man beim Rechnen wählen, in welcher Reihenfolge man sie verwendet. Damit kann man geschickt rechnen. Für die Subtraktion gibt es keine Tauschaufgaben.
5 – 3 – 2 = 1 oder 5 – 2 – 3 = 1

Addition und Subtraktion hängen zusammen: Sie sind jeweils die **Umkehrung** voneinander. Man kann schreiben: 5 + 3 = 8 und daraus ergibt sich 8 – 3 = 5.

Kommen zu 5 Möhren 3 dazu, dann sind es 8. Nimmt man die 3 wieder weg, sind es wieder 5 Möhren.

Mit der Tauschaufgabe der Plusaufgabe und deren **Umkehraufgabe** in Form der Minusaufgabe entstehen sogenannte Aufgabenfamilien:

	5 + 3 = 8
Tauschaufgabe:	3 + 5 = 8
Umkehraufgabe:	8 – 3 = 5
Umkehraufgabe:	8 – 5 = 3

	Aufgabe	**Umkehraufgabe**
Addition	4 **+ 5** = **9**	**9** – **5** = 4
Subtraktion	7 **– 3** = **4**	**4** + **3** = 7

Multiplikation

Die **Multiplikation** wird in der Umgangssprache **Malrechnen** genannt. **Multiplizieren** bedeutet, mehrere gleiche Anzahlen zusammenzufassen. Damit wird deutlich, dass die Multiplikation mit der Addition zusammenhängt.

Jede **Malaufgabe** kann als eine Plusaufgabe geschrieben werden, das ist meist aufwendig. Umgekehrt gilt das nicht: Nicht jede Plusaufgabe kann man als Malaufgabe schreiben. Das ist nur möglich, wenn mehrere **gleiche** Summanden auftreten. Dazu kann man sich verschiedene Alltagssituationen vorstellen. Es ist eine Anzahl von Dingen da, dann kommt dieselbe Menge dazu, dann kommt dieselbe Menge noch einmal hinzu und so weiter. Oder man stellt sich vor, dass man mehrere gleiche Mengen von Gegenständen hat.

Wie viele Äpfel sind es insgesamt?

$5 + 5 + 5 + 5 = 20$

$4 \cdot 5 = 20$

Wie oft wurde die 2 gewürfelt?

6 Mal.

Wie viele Punkte sind es insgesamt?

$2 + 2 + 2 + 2 + 2 + 2 = 12$

$6 \cdot 2 = 12$

Die Zahlen, die miteinander multipliziert werden, heißen **Faktoren**. Das **Operationszeichen** ist ein Punkt. Der **erste Faktor** steht links vom **Operationszeichen**. Er bedeutet, wie oft eine Anzahl wiederholt auftritt. Der **zweite Faktor** steht rechts vom Operationszeichen. Er gibt die Anzahl an, die wiederholt zusammengefügt wird.

Beim Rechnen darf man Faktoren vertauschen, zum Beispiel um sich das Rechnen zu erleichtern. Man spricht wieder von einer **Tauschaufgabe**.

In Malaufgaben können beliebig viele Faktoren auftreten. Dann ist die Möglichkeit, die Reihenfolge der Faktoren beim Rechnen selbst zu bestimmen, besonders nützlich. Das Ergebnis einer Malaufgabe heißt **Produkt**.

7 • 2 = 14

2 • 7 = 14

Das Produkt aus 7 und 2 ist 14.

Eine wichtige Bezeichnung bei der Multiplikation heißt **Vielfaches einer Zahl**. Vielfache einer Zahl sind alle Ergebnisse von Malaufgaben, in denen die Zahl mit einer anderen multipliziert wird.

15 ist ein **Vielfaches** von 5, genau gesagt das **Dreifache.**
15 ist ein **Vielfaches** von 3, genau gesagt das **Fünffache.**

Als **kleines Einmaleins** bezeichnet man alle Malaufgaben mit zwei Faktoren zwischen 1 und 10, die es gibt. Aufgaben des **kleinen Einmaleins** soll man weitgehend auswendig wissen. Als **Malfolge** bezeichnet man die geordneten Aufgaben aller Vielfachen einer Zahl bis zum Zehnfachen.

Die Malfolge der 3 umfasst die folgenden Aufgaben:

0 • 3 = 0	1 • 3 = 3	2 • 3 = 6
3 • 3 = 9	4 • 3 = 12	5 • 3 = 15
6 • 3 = 18	7 • 3 = 21	8 • 3 = 24
9 • 3 = 27	10 • 3 = 30	

Tipps für das kleine Einmaleins:

1. Tauschaufgaben nutzen.
2. Schlüsselaufgaben nutzen. Das sind die Aufgaben aus den Malfolgen der 2, der 5 und der 10. Deshalb die Malfolgen der 2 und der 5 zuerst einprägen. Die Malfolgen der 1 und der 10 sollten keine Schwierigkeiten bereiten.
3. Beim Einprägen einer Malfolge immer die einzelnen Aufgaben vollständig aufsagen.

Beziehungen zwischen den Aufgaben helfen beim Lernen.

Man nutzt die **Tauschaufgaben**.
Hat man sich eingeprägt, dass 3 • 7 = 21 ist, weiß man auch die Tauschaufgabe 7 • 3 = 21.
Hat man sich Schlüsselaufgaben eingeprägt, kann man sie für benachbarte Aufgaben nutzen.

6 • 5 = 30	→	5 • 6 = 30	→	4 • 6 = 24
Schlüsselaufgabe		Tauschaufgabe		Nachbaraufgabe

Division

Die **Division** wird in der Umgangssprache **Teilen** genannt. **Dividieren** bedeutet, aus einer Menge mehrere gleich große Mengen zu bilden. Dazu kann man sich verschiedene Alltagssituationen vorstellen. Es ist eine Anzahl von Dingen da. Sie werden auf mehrere gleich große Teilmengen **verteilt**. Oder man stellt sich vor, dass man von der vorhandenen Anzahl immer wieder eine gleiche Anzahl wegnimmt, solange das möglich ist.

Eine **Rechengeschichte** zu dem Bild oben kann sein:
Es gibt zuerst 15 Spielkarten. Sie werden an 3 Kinder verteilt. Jedes Kind erhält 5 Karten.
Als Rechenaufgabe passt dazu: $15 : 3 = 5$.

Eine **Rechengeschichte** zu diesem Bild kann auch sein:
Es gibt zuerst 15 Spielkarten. Jedes Kind braucht 5 Karten für ein Spiel. Es werden immer 5 Karten ausgeteilt.
Dann können 3 Kinder mitspielen.
Als Rechenaufgabe passt dazu: $15 : 5 = 3$.

Für die Zahlen in einer **Geteiltaufgabe** gibt es auch Namen. Da man die Zahlen beim Rechnen nicht vertauschen darf, sind es verschiedene Namen. Die Zahl links vom Operationszeichen heißt **Dividend.** Diese Zahl sagt, wie viel am Anfang vorhanden ist. Die Zahl rechts vom Geteiltzeichen heißt **Divisor**. Sie gibt an:

1. Wie viele Teilmengen gebildet werden sollen. Die vorhandene Menge wird dann – wenn möglich – vollständig auf die gleich großen Teilmengen verteilt. Bleibt etwas übrig, so nennt man das den **Rest**.
2. Oder: Wie viel soll immer wieder weggenommen werden, solange es geht? Bleibt etwas übrig, so nennt man das **Rest**.

Beim Rechnen mit natürlichen Zahlen muss der Divisor kleiner als der Dividend oder genauso groß sein, damit die Aufgabe lösbar ist. In einer Alltagssituation kann man höchstens so viel verteilen oder wegnehmen, wie vorhanden ist.

Man muss beim Schreiben von Divisionsaufgaben darauf achten, welche Zahl links vom Geteiltzeichen steht und welche rechts davon ist. Man darf sie nicht vertauschen.

Quotient ist der Begriff für das Ergebnis einer Geteiltaufgabe. **Der Quotient** ist die Anzahl, die in jeder Teilmenge entsteht, wenn gleichmäßig verteilt wird. Der Quotient ist auch die Anzahl der Teilmengen, die gebildet werden können, wenn wiederholt eine gleiche Anzahl weggenommen wird. Beim Rechnen darf man die Reihenfolge von Dividend und Divisor **nicht** tauschen.

Division und Multiplikation hängen zusammen: Sie sind jeweils die Umkehrung voneinander. Man kann schreiben: 3 • 4 = 12 und daraus ergibt sich 12 : 4 = 3.

	Aufgabe	**Umkehraufgabe**
Multiplikation	2 • **6** = **12**	**12** : **6** = 2
Division	8 : **2** = **4**	**4** • **2** = 8

Mit der Tauschaufgabe einer Malaufgabe und deren **Umkehraufgabe** in Form der Geteiltaufgabe entstehen sogenannte **Aufgabenfamilien:**

	6 • 4 = 24
Tauschaufgabe:	4 • 6 = 24
Umkehraufgabe:	24 : 4 = 6
Umkehraufgabe:	24 : 6 = 4

Eine wichtige Bezeichnung bei der Division heißt **Teiler** einer Zahl. Wenn man eine Zahl durch eine zweite Zahl teilt, ohne dass ein Rest übrig bleibt, dann nennt man die zweite Zahl einen Teiler der ersten Zahl. Der Dividend ist dann durch den Teiler **teilbar**. Wenn eine Zahl teilbar ist durch eine andere Zahl, bedeutet das, dass bei der Division kein Rest bleibt.

Teiler einer Zahl sind also alle möglichen Divisoren, bei denen kein Rest verbleibt. Teiler zu bestimmen, heißt herauszufinden, welche Möglichkeiten es gibt, die gegebene Anzahl gleichmäßig und ohne Rest zu teilen.

12 hat die **Teiler** 2, 3, 4, 6, 12.
Oder: 12 **ist teilbar durch** 2, denn 12 : 2 = 6,
12 **ist teilbar durch** 3, denn 12 : 3 = 4,
12 **ist teilbar durch** 4, denn 12 : 4 = 3,
12 **ist teilbar durch** 6, denn 12 : 6 = 2,
12 **ist teilbar durch** 12, denn 12 : 12 = 1.
1 ist auch ein Teiler von 12, aber jede natürliche Zahl ist durch 1 teilbar.

Für das Rechnen von Divisionsaufgaben ist das **kleine Einmaleins** die wichtigste Voraussetzung.

Wenn man sich einige Malfolgen bereits gut eingeprägt hat, übt man dazu die Umkehraufgaben der Division. Beim Üben von Geteiltaufgaben innerhalb des kleinen Einmaleins sollen die Aufgaben auch vollständig gesprochen werden, damit man sie sich nach und nach einprägt. Die Divisionsaufgaben, die sich als Umkehrungen im kleinen Einmaleins ergeben, werden auch als Einsdurcheins bezeichnet.

Rechenstrategien

Wenn man sich mit den Zahlen bis 10 und 20 viel beschäftigt hat und Rechenaufgaben dazu mit Materialien bearbeitet hat, prägt man sich viele Additions- und Subtraktionsaufgaben bis 20 ein. Für das Rechnen mit größeren Zahlen verwendet man verschiedene Rechenstrategien.

Übertragen

Ein Prinzip lautet, dass Aufgaben übertragen werden. Das bedeutet, dass man sein Wissen über die Rechenaufgaben mit kleinen Zahlen für Aufgaben mit beliebig großen Zahlen nutzt. Dass das möglich ist, liegt an unserem Zehnerzahlsystem.

Man weiß, dass 5 + 3 = 8 ist. Dazu gibt es unendlich viele verwandte Rechenaufgaben.

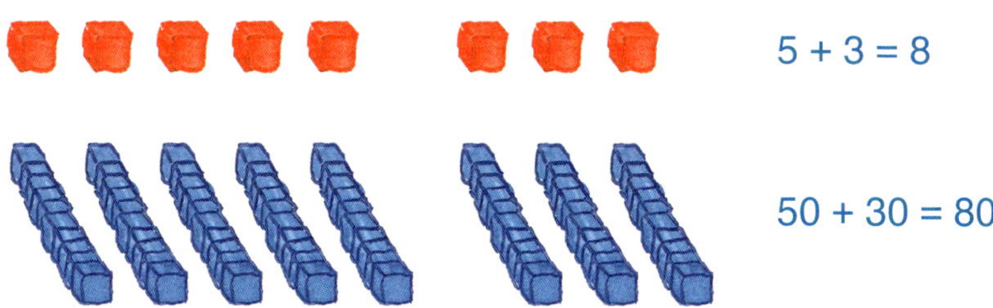

5 + 3 = 8

50 + 30 = 80

5 Zehner und 3 Zehner sind insgesamt 8 Zehner.

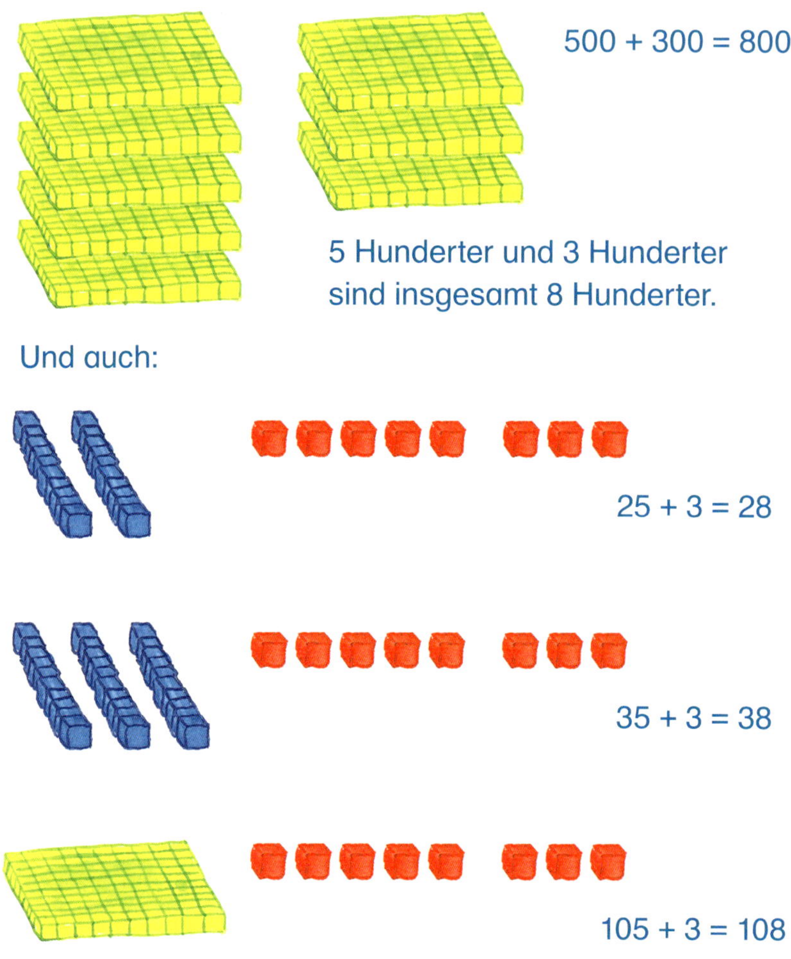

Ebenso nutzt man Einmaleinsaufgaben und Einsdurcheinsaufgaben für das Rechnen mit beliebig großen Zahlen.

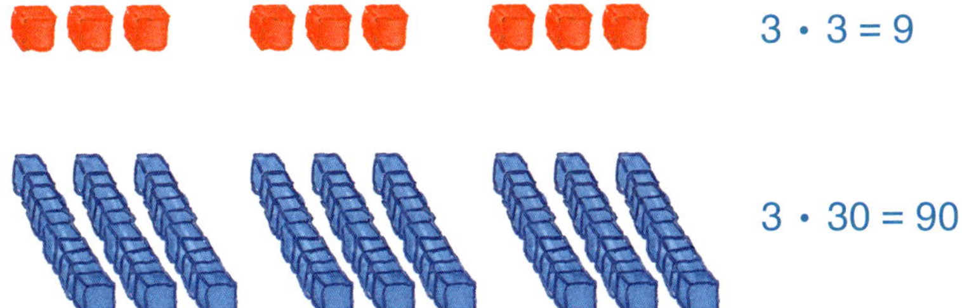

$3 \cdot 3 = 9$

$3 \cdot 30 = 90$

Dreimal 3 Zehner sind insgesamt 9 Zehner.

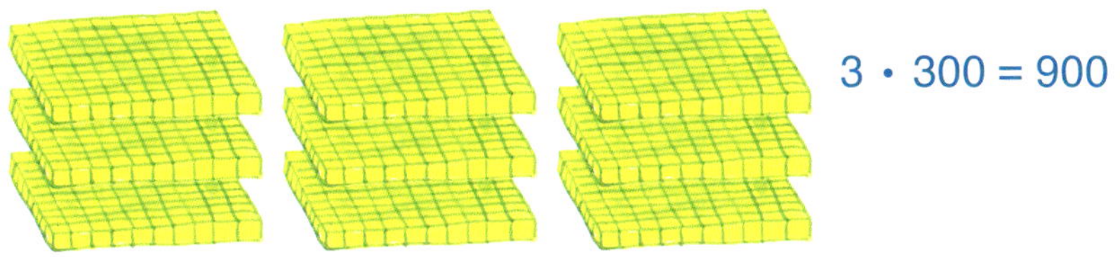

$3 \cdot 300 = 900$

Dreimal 3 Hunderter sind insgesamt 9 Hunderter.

$3 \cdot 3000 = 9000$

Dreimal 3 Tausender sind insgesamt 9 Tausender.

Und weil man Faktoren vertauschen darf, gilt auch:
$30 \cdot 3 = 90$, $300 \cdot 3 = 900$, $3000 \cdot 3 = 9000$.

Zerlegen

Eine andere Strategie für viele Rechenaufgaben ist, sie zu **zerlegen**. Damit ist gemeint, dass man zu einer Rechenaufgabe mehrere Teilaufgaben bildet. Die Teilaufgaben sind leichter zu rechnen oder man weiß die Ergebnisse. Das Ergebnis der eigentlichen Rechenaufgabe setzt sich dann aus Ergebnissen der Teilaufgaben zusammen. Die Zerlegungen können verschieden gewählt werden, je nachdem welche Beziehung die Zahlen zueinander haben.

35 + 24 = 59 kann zum Beispiel zerlegt werden, sodass zwei Teilschritte gerechnet werden:

1. 35 + 20 = 55
55 + 4 = 59

Oder sie kann zerlegt werden, sodass drei Teilschritte gerechnet werden:

2. 30 + 20 = 50
5 + 4 = 9
50 + 9 = 59

Durch die Nutzung von Nachbaraufgaben gibt es weitere Rechenwege, die für die Lösung dieser Aufgabe hilfreich sein können.

Wichtig ist, dass das Vorgehen nicht zu vielen Teilschritten führt. Damit wächst die Gefahr, sich zu verrechnen oder zu viel Zeit zu benötigen.

Zehnerübergang

Bei Additions- und Subtraktionsaufgaben unterscheidet man zwischen **Aufgaben ohne Zehnerübergang** und **Aufgaben mit Zehnerübergang** oder **Zehnerüberschreitung**. Bei Plusaufgaben mit Zehnerübergang wird durch Addition der Einer eine Zahl größer als 10 erreicht. Es bleibt nicht bei der Zehnerzahl, die sich durch Zusammenrechnen der Zehner ergibt, es kommt noch ein Zehner dazu, der aus der Addition der Einer entsteht. Beim Addieren mit Zehnerüberschreitung ist es oftmals wieder eine Zerlegung, die am besten zur Lösung führt.

28 + 4 = ?

1. 28 + 2 = 30 (ergänzen zur Zehnerzahl)
2. 30 + 2 = 32

29 + 14 = ?

1. 29 + 10 = 39
2. 39 + 1 = 40 (ergänzen zur Zehnerzahl)
3. 40 + 3 = 43

Der letzte Schritt bei diesen Rechenwegen erscheint besonders einfach, weil eine Zehnerzahl mit einem Einer zusammengefügt wird. Je nach auftretenden Zahlen gibt es andere Möglichkeiten, geschickt zu rechnen.
Dieser Weg, der hier gezeigt wurde, funktioniert aber immer.

Bei Minusaufgaben mit Zehnerübergang bleibt es nicht bei der Zehnerzahl, die sich durch Subtrahieren der Zehner ergibt. Durch das Abziehen der Einerzahl wird sie unterschritten. Beim Subtrahieren mit Zehnerüberschreitung ist es oftmals wieder eine Zerlegung, die am besten zur Lösung führt.

52 – 4 = ?

1. 52 – 2 = 50 (abziehen bis zur Zehnerzahl)
2. 50 – 2 = 48

73 – 15 = ?

1. 73 – 10 = 63
2. 63 – 3 = 60
3. 60 – 2 = 58

Der erste Schritt bei diesen Rechenwegen erscheint besonders einfach, weil der Einer des Subtrahenden bis zur Zehnerzahl abgezogen wird. Je nach auftretenden Zahlen gibt es andere Möglichkeiten, geschickt zu rechnen. Dieser Weg, der hier gezeigt wurde, funktioniert aber immer.

Allgemeiner spricht man vom Addieren und Subtrahieren **mit oder ohne Überschreiten**. Das Überschreiten kann ebenso Hunderter, Tausender und so weiter betreffen. Aufgaben mit Überschreiten des Hunderters sind zum Beispiel 390 + 60 = 450 oder 210 – 40 = 170.

Halbschriftlich und schriftlich

Man unterscheidet **halbschriftliche** und **schriftliche** Rechenstrategien. Ob man schriftlich oder halbschriftlich rechnet, hängt nicht von der Größe der Zahlen ab, sondern von der Anzahl an Stellen, die ungleich null sind. **Halbschriftliches Rechnen** geht damit einher, Teilaufgaben durch Zerlegen zu gewinnen, sie zu notieren und Zwischenergebnisse festzuhalten. Wenn man mit dem Prinzip des Zerlegens gut vertraut und geübt ist, können Rechnungen auch gut ohne Notizen bewältigt werden.

Die gerade gezeigten Beispiele gehören zum halbschriftlichen Rechnen, so wie auch folgende Beispiele, bei denen jeweils zwei oder drei Rechenschritte erforderlich sind:

460 + 120 = 580

1. 460 + 100 = 560
2. 560 + 20 = 580

390 – 140 = 250

1. 390 – 100 = 290
2. 290 – 40 = 250

4 · 16 = 64

1. 4 · 10 = 40
2. 4 · 6 = 24
3. 40 + 24 = 64

5 · 203 = 1015

1. 5 · 200 = 1000
2. 5 · 3 = 15
3. 1000 + 15 = 1015

52 : 4 = 13

1. 40 : 4 = 10
2. 12 : 4 = 3
3. 10 + 3 = 13

175 : 5 = 35

1. 150 : 5 = 30
2. 25 : 5 = 5
3. 30 + 5 = 3

Die Malaufgaben, die sich aus einem Faktor von 11 bis 19 und einem zweiten Faktor zwischen 1 und 10 bilden lassen, werden auch **großes Einmaleins** genannt. Solche Aufgaben sind zum Beispiel 3 · 14, 5 · 18, 4 · 19. Solche Aufgabensätze müssen nicht eingeprägt werden. Sie können durch geschicktes Zerlegen ausreichend schnell gerechnet werden. Je mehr Stellen einer Zahl größer als null sind, umso mehr Schritte benötigt man beim Rechnen. Damit wächst die Anzahl an Zerlegungen und ein halbschriftliches Vorgehen wird aufwendig. Dann kommen sogenannte **schriftliche Rechenverfahren** zum Einsatz. Für das Rechnen mit natürlichen Zahlen bis 100 werden sie nicht benötigt. Die Verfahren der **schriftlichen Addition** und der **schriftlichen Subtraktion** helfen beim Rechnen mit Zahlen, die größer als 100 sind und beim Rechnen mit Kommazahlen. Bei diesen Verfahren wird stellenweise gerechnet. Damit bewegen sich die einzelnen Rechenschritte wieder im Zahlenraum bis 20.

Aufgaben, für die das Verfahren der schriftlichen Addition oder Subtraktion hilfreich ist, sind zum Beispiel 467 + 254, 3478 + 1463, 765 – 323, 6245 – 3631. Stellenweise zu rechnen, bedeutet:

```
  467
+ 254
  11
-----
  721
```

Man beginnt rechts und spricht: 4 + 7 = 11.
Schreibe 1, merke 1.
5 + 6 = 11, 1 dazu sind 12.
Schreibe 2, merke 1.
2 + 4 = 6, 1 dazu sind 7.

Für die schriftliche Subtraktion sind zwei Verfahren anzutreffen: das **Abziehen** oder das **Ergänzen**. Beim Abziehen zieht man die unten stehende Zahl von der oberen ab. Beim Ergänzen bestimmt man den Unterschied zwischen den Zahlen, indem man ergänzt.

Abziehen erfolgt folgendermaßen, hier für eine Aufgabe ohne Überschreiten:

765	Wir beginnen rechts und sprechen:
– 323	5 – 3 = 2. Wir schreiben 2.
	6 – 2 = 4.
442	7 – 3 = 4.

Ergänzen erfolgt folgendermaßen, hier für eine Aufgabe mit Überschreiten:

6245	Wir beginnen rechts und sprechen:
– 3631	Von 1 bis 5 fehlen 4. Wir schreiben 4.
1	Von 3 bis 4 fehlt 1. Wir schreiben 1.
	Von 6 bis 2: nicht möglich.
2614	Deshalb: Von 6 bis 12 fehlen 6.
	Wir schreiben 6, merken uns 1.
	Wir rechnen 3 + 1, dann: Von 4 bis 6 fehlen 2.

Das Verfahren der **schriftlichen Multiplikation** hilft beim Rechnen, wenn beide Faktoren größer als 10 sind oder wenn ein Faktor größer als 100 und der andere einstellig ist. Sind mehrere Nullen in den Faktoren, kann man prüfen, ob halbschriftliches Rechnen schneller zum Ergebnis führt. Beim Rechnen mit Kommazahlen nutzt man ebenfalls in vielen Fällen die schriftliche Multiplikation. Es wird wieder stellenweise gerechnet. Damit bewegen sich die einzelnen Rechenschritte innerhalb des kleinen Einmaleins.

Aufgaben, für die das Verfahren der schriftlichen Multiplikation hilfreich ist, sind zum Beispiel 36 • 45, 215 • 4, 6 • 173, 23 • 426.

Für das Verfahren gibt es verschiedene Möglichkeiten. Hier sehen wir uns das an, bei dem von rechts nach links gearbeitet wird. Deshalb wird die Aufgabe so aufgeschrieben, dass der kleinere Faktor rechts steht.

215 • 4 2 860	Wir beginnen rechts und sprechen: 4 • 5 = 20. Wir schreiben 0, merken uns 2. 4 • 1 = 4, 2 dazu sind 6. Wir schreiben 6. 4 • 2 = 8. Wir schreiben 8.

23 • 426 → Faktoren tauschen, damit der kleinere rechts steht.

Prüfe, ob die Tauschaufgabe einfacher zu rechnen ist! Tausche dafür die Reihenfolge der Faktoren.

426 • 23 1 852 1278 9798	Wir beginnen rechts, jedoch mit der größten Stelle des rechten Faktors, hier also der 2, und wir sprechen: 2 • 6 = 12. Wir schreiben 2 und merken uns 1. 2 • 2 = 4, 1 dazu sind 5. Wir schreiben 5. 2 • 4 = 8, wir schreiben 8. Wir rechnen weiter mit 3. 3 • 6 = 18, wir schreiben 8, wir merken uns 1. 3 • 2 = 6, 1 dazu sind 7, wir schreiben 7. 3 • 4 = 12, wir schreiben 12, weil es die letzte Teilrechnung war. Wir addieren die Teilergebnisse schriftlich. 8 wird unverändert notiert. 7 + 2 = 9, 2 + 5 = 7, 1 + 8 = 9

Das Verfahren der **schriftlichen Division** hilft beim Rechnen, wenn zum Beispiel der Dividend größer als 100 ist oder wenn der Divisor eine zweistellige Zahl ist. Sind mehrere Nullen in Dividend und Divisor vorhanden, kann man prüfen, ob halbschriftliches Rechnen schneller zum Ergebnis führt. Beim Rechnen mit Kommazahlen nutzt man ebenfalls in vielen Fällen die schriftliche Division. Es wird wieder stellenweise gerechnet. Damit bewegen sich die einzelnen Rechenschritte innerhalb des kleinen Einmaleins bzw. des Einsdurcheins.

Aufgaben, für die das Verfahren der schriftlichen Division hilfreich ist, sind zum Beispiel 485 : 5, 3456 : 4, 2736 : 12.

```
785 : 5 = 157
5
–
28
25
——
 35
 35
 ——
  0
```

Wir beginnen links und sprechen: 7 : 5 = 1.
Wir schreiben 1 im Ergebnis auf.
1 • 5 = 5. Wir notieren die 5 unter der 7. Wir bestimmen die Differenz 7 – 5 = 2. Wir schreiben die 2 darunter auf und die 8 rechts daneben.
28 : 5 = 5 Rest 3. Wir schreiben 5 im Ergebnis auf.
5 • 5 = 25. Wir notieren 25 unter 28 und bestimmen die Differenz.
28 – 25 = 3. Wir schreiben die 3 darunter auf und die 5 als letzte Stelle des Dividenden rechts daneben.
35 : 5 = 7. Wir notieren 7 im Ergebnis.
7 • 5 = 35. Wir schreiben die 35 unter 35.
Die Differenz ist null, es verbleibt kein Rest.
Hilfreich ist auch die Sprechweise „Wie oft passt die 5 in die 7? Einmal." Wir schreiben 1 im Ergebnis auf.
1 • 5 = 5. Wir notieren die 5 unter der 7.
Wir bestimmen die Differenz 7 – 5 = 2. Wir schreiben die 2 darunter auf und die 8 rechts daneben.
„Wie oft passt die 5 in die 25? 5 Mal." ...

Überschlagen

Überschlagen oder einen **Überschlag durchführen** bedeutet, das Ergebnis einer Rechenaufgabe abzuschätzen. Dafür soll zu einer Rechenaufgabe eine Aufgabe gefunden werden, die ohne große Mühe im Kopf gerechnet werden kann.

Überschlagen von Rechnungen hilft auch im Alltag. Das kann beim Einkaufen sein, wenn man wissen möchte, wie viel insgesamt zu bezahlen ist. Oder man überschlägt, wie viele Zutaten für ein Fest mit mehreren Gästen gekauft werden sollen.

Eine weitere Funktion des Überschlagens ist, eine Kontrolle für das Ergebnis der eigentlichen Rechenaufgabe zu bekommen. Wenn das ausgerechnete Ergebnis eine größere Stellenzahl als das Ergebnis des Überschlages zeigt, sollte man die Rechnungen genauer prüfen. Eine Kontrolle mithilfe des Überschlages ist nur eine von verschiedenen Kontrollstrategien.

Für das Überschlagen sind oft mehrere einfache Aufgaben passend. Man kann das Runden nutzen, es muss aber nicht sein. In einem Überschlag verwendet man vor allem Zehnerzahlen, Hunderterzahlen, Tausenderzahlen ...

Die Herausforderung besteht vor allem für die Division darin, eine Überschlagsaufgabe zu finden. Hier sucht man eine Divisionsaufgabe aus dem Einsdurcheins, die der Rechenaufgabe ähnlich ist.

675 + 238	**5293 – 754**
Überschläge können sein:	
600 + 200 = 800	5000 – 800 = 4200
700 + 200 = 900	5000 – 700 = 4300
700 + 300 = 1000	5000 – 1000 = 4000

214 · 36	**3628 : 4**
Überschläge können sein:	
200 · 30 = 6000	40 : 4 = 10, deshalb
200 · 40 = 8000	4000 : 4 = 1000
	36 : 4 = 9, deshalb
	3600 : 4 = 900

Einheiten

Um die Größe von etwas anzugeben, reicht eine einfache Zahl meistens nicht aus. Man muss zusätzlich eine weitere Angabe machen.

Es reicht nicht, wenn wir sagen: „Der Zaun ist 10 lang.“ Denn dann versteht man noch nicht, wie lang der Zaun ist. Ein Zaun um einen großen Park ist vielleicht 10 **Kilometer** lang. Ein Spielzeugzaun ist nur 10 **Zentimeter** lang. Der Zaun eines Aussichtspunktes ist vielleicht 10 **Meter** lang. Wir müssen also zu der 10 noch eine weitere Angabe machen. Wir müssen sagen, ob wir 10 Kilometer, 10 Zentimeter oder 10 Meter meinen.

Diese weitere Angabe nennt man **Maßeinheit** oder **Einheit**.

Wenn eine Zahl vor einer solchen Einheit steht, nennt man sie auch **Maßzahl**.

Um die **Länge** des Zauns am Aussichtspunkt anzugeben, brauchen wir also die Maßzahl 10 und die Einheit Meter.

10 Meter

Längen kann man nur verständlich angeben, wenn man eine Maßzahl **und** eine Einheit verwendet. Wenn etwas mit Maßzahl und Einheit angegeben werden muss, nennt man es in der Mathematik **Größe**.

Die folgende Tabelle zeigt noch mehr Größen:

Oft vorkommende Größen

Größe	Maßeinheiten	Abkürzung
Länge	Zentimeter, Meter, Kilometer	cm, m, km
Geldbetrag	Euro, Cent	€, ct
Masse	Gramm, Kilogramm	g, kg
Rauminhalt	Milliliter, Liter	ml, l
Zeitspanne	Sekunde, Minute, Stunde	s, min, h

Den Begriff Größe benutzt man im Alltag meistens anders. Man benutzt ihn, um zu beschreiben, wie groß oder klein etwas ist. Man sagt zum Beispiel: Die Größe von Herrn Müller ist 1 m 84 cm.

Längen

Um eine **Länge** anzugeben, benutzt man **verschiedene Einheiten**. Zu jeder Einheit gibt es auch eine **Abkürzung**.

Einheiten und Abkürzungen

Einheit	Abkürzung	Beispiel
Kilometer	km	Die Straße ist 2 km lang.
Meter	m	Das Haus ist 10 m breit.
Dezimeter	dm	Der Bleistift ist 1 dm lang.
Zentimeter	cm	Das Buch ist 5 cm dick.
Millimeter	mm	Die Ameise ist 5 mm lang.

Im Alltag spricht man von der Länge eines Seils und der Dicke des Seils. In der Mathematik gehört alles, was in Metern angegeben wird, zur Größe „Länge“. Auch Dicke, Höhe oder Breite sind in der Mathematik deshalb Längen.

Man kann jede Längeneinheit in die anderen Längeneinheiten **umrechnen**. Man sagt auch: **umwandeln**.

1 km = **1000** m
1 m = **10** dm = **100** cm = **1000** mm
1 dm = **10** cm = **100** mm
1 cm = **10** mm

Die blau geschriebenen Zahlen heißen **Umrechnungszahlen** oder **Umwandlungszahlen**.

Wir können sagen: „Die Straße ist 2 km lang."
Wir können über dieselbe Straße aber auch sagen:
„Die Straße ist 2000 m lang."
Denn 1 km = 1000 m und 2 km = 2 • 1000 m = 2000 m.

Kommaschreibweise für Längen

Man kann Längen auf unterschiedliche Weise aufschreiben. Häufig benutzt man die **Kommaschreibweise**.

Wir haben die Länge des Springseils gemessen.
Es ist 215 cm lang. In den 215 cm stecken 2 Meter und noch 15 cm. Deshalb können wir sagen:
Das Seil ist 2 m 15 cm lang.

Im Alltag hört man zum Beispiel so etwas: „Ich bin eins vierundachtzig groß." Der Sprecher meint, dass er 1 m 84 cm groß ist. Er hat die Einheiten einfach weggelassen. In der Mathematik muss man aber immer die Einheiten verwenden!

Man kann die größere Einheit von der kleineren Einheit durch ein **Komma** trennen. Dann hat man eine **Kommazahl**. Hinter diese **Kommazahl** setzt man die größere Einheit.

Das Springseil ist 2 m 15 cm lang. Die größere Einheit ist m, die kleinere Einheit ist cm. Wir setzen zwischen die 2 und die 15 ein Komma und erhalten die Kommazahl **2,15**. Dahinter setzen wir die **größere Einheit m**: Das Springseil ist 2,15 m lang.

Stellenwerttafel für Längen

Beim Umwandeln in eine Kommazahl hilft es, wenn man die Längenangaben in eine Stellenwerttafel schreibt. Als Beispiel steht hier eine **Stellenwerttafel** für **km** und **m**:

Länge	km	100 m	10 m	1 m	Kommazahl
2009 m	2	0	0	9	2,009 km
3070 m	3	0	7	0	3,070 km
4800 m	4	8	0	0	4,800 km
345 m	0	3	4	5	0,345 km

In der Tabelle ist eine rote Linie gezeichnet. Dort ist der Übergang von der Einheit km zur Einheit m. Ein **Komma** kann also die Einheiten km und m voneinander trennen. Diese Kommazahlen stehen in der rechten Spalte.

Aufpassen muss man bei **Nullen**. Hat die Maßzahl **in der Mitte** Nullen, schreibt man diese auch in der Kommazahl:

2**0**78 m = 2,**0**78 km   2**00**9 m = 2,**00**9 km

Enthält die Maßzahl keine ganzen Kilometer, kann man in die Spalte „km" eine 0 schreiben. Diese 0 steht vor dem Komma:

345 m = **0**,345 km

Hat die Maßzahl **am Ende** Nullen, darf man diese Nullen in der Kommazahl weglassen:

307**0** m = 3,07**0** km = 3,07 km
48**00** m = 4,8**00** km = 4,8 km

Rechnen mit Längen

Man kann Längenangaben **addieren** oder **subtrahieren**. Das geht aber **nur** dann, wenn sie in **derselben** Einheit geschrieben sind. Sonst müssen sie in dieselbe Einheit **umgewandelt** werden. Dann addiert oder subtrahiert man die Maßzahl und übernimmt die Einheit.

Wir möchten die Längen 57 m und 38 cm addieren.
Dazu können wir beide Längen in cm umrechnen:
57 m + 38 cm = 5700 cm + 38 cm = 5738 cm

Wir können aber auch beide Längen in m umrechnen:
57 m + 38 cm = 57 m + 0,38 m = 57,38 m

Rechnen mit Kommazahlen

Längen oder Massen oder Hohlmaße kann man als **Kommazahl** schreiben. Um mit Kommazahlen zu **rechnen**, gibt es **zwei** Möglichkeiten:

1. Man wandelt die Angabe in eine kleinere Einheit um.
Dann hat man keine Kommazahlen mehr und kann rechnen wie sonst auch. Zum Schluss wandelt man das Ergebnis wieder in eine Kommazahl um.

Wir addieren 8,32 m und 45,72 m. Die kleinere Einheit ist cm. Wir wandeln beide Längenangaben in cm um.
8,32 m = 832 cm und 45,72 m = 4572 cm.
Wir addieren: 832 cm + 4572 cm = 5404 cm = 54,04 m.

2. Man rechnet mit den Kommazahlen. Dabei benutzt man das gewöhnliche schriftliche Rechnen. Man muss aber auf das **Komma** achten.

Beim **Addieren** und **Subtrahieren** schreibt man die Zahlen so untereinander, dass die **Kommas untereinanderstehen.** Dann addiert oder subtrahiert man wie sonst auch. Im Ergebnis schreibt man das Komma unter die anderen Kommas.

		1	2	5	6,	4	5	m
	+		4	2	1,	3	3	m
		1	6	7	7,	7	8	m

Beim **Multiplizieren** rechnet man so, als gäbe es kein Komma. Dann zählt man, wie viele Zahlen hinter dem Komma stehen. Im Ergebnis setzt man das Komma an die gleiche Stelle.

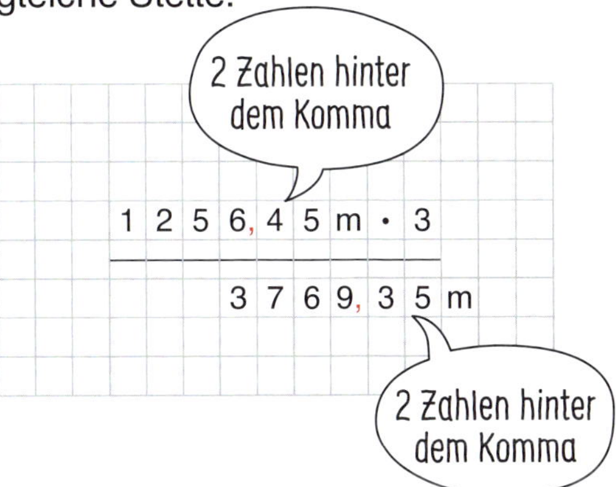

Beim **Dividieren** rechnet man so, als gäbe es kein Komma. **Bevor** man die erste Zahl hinter dem Komma „herunterholt“, setzt man im Ergebnis ein Komma.

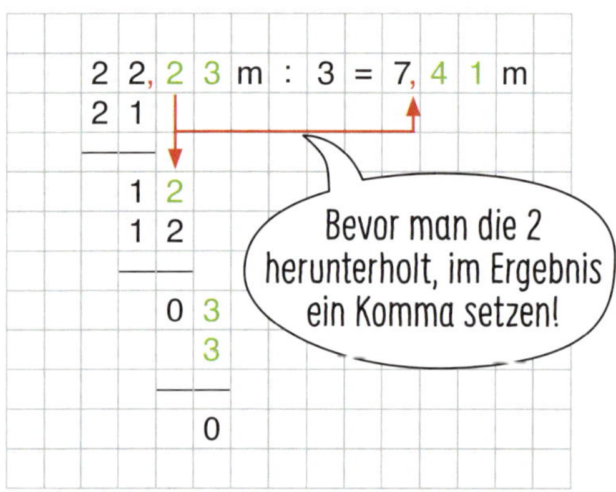

Massen

Massen werden im Alltag fast immer als **Gewicht** bezeichnet. Auch im Mathematikunterricht sagt man oft Gewicht.

Um eine **Masse** anzugeben, benutzt man **verschiedene Einheiten**. Zu jeder Einheit gibt es auch eine **Abkürzung**.

Einheiten und Abkürzungen

Einheit	Abkürzung	Beispiel
Tonne	t	Das Auto ist 1 t schwer.
Kilogramm	kg	Wir kaufen 2 kg Kartoffeln.
Gramm	g	Im Teig sind 50 g Butter.
Milligramm	mg	Das Sandkorn wiegt 2 mg.

Man kann jede Masseneinheit in die anderen Masseneinheiten **umrechnen**. Man sagt auch: **umwandeln**.

1 t = **1000** kg
1 kg = **1000** g
1 g = **1000** mg

Die blau geschriebenen Zahlen heißen **Umrechnungszahlen** oder **Umwandlungszahlen**.

Wir können sagen: „Der Lkw ist 7 t schwer."
Wir können über denselben Lkw aber auch sagen: „Der Lkw ist 7000 kg schwer." Denn 1 t = 1000 kg und 7 t = 7 • 1000 kg = 7000 kg.

Kommaschreibweise für Massen

Man kann Massen auf unterschiedliche Weise aufschreiben. Häufig benutzt man die **Kommaschreibweise**.

Wir haben Kater Leo gewogen. Er ist 5783 g schwer. In den 5783 g stecken 5 kg und noch 783 g. Deshalb können wir sagen: Leo ist 5 kg 783 g schwer.

Man kann die größere Einheit von der kleineren Einheit durch ein **Komma** trennen. Dann hat man eine **Kommazahl**. Hinter diese **Kommazahl** setzt man die größere Einheit.

Leo ist 5 kg 783 g schwer. Die größere Einheit ist kg, die kleinere Einheit ist g. Wir setzen zwischen die 5 und die 783 ein Komma und erhalten die Kommazahl **5,783**. Dahinter setzen wir die **größere Einheit kg**: Leo ist 5,783 kg schwer.

Stellenwerttafel für Massen

Beim Umwandeln in eine Kommazahl hilft es, wenn man die Massenangaben in eine Stellenwerttafel schreibt. Als Beispiel steht hier eine **Stellenwerttafel** für **kg** und **g**:

Masse	kg	100 g	10 g	1 g	Kommazahl
3107 g	3	1	0	7	3,107 kg
5670 g	5	6	7	0	5,670 kg
420 g	0	4	2	0	0,420 kg
85 g	0	0	8	5	0,085 kg

In der Tabelle ist eine rote Linie gezeichnet. Dort ist der Übergang von der Einheit kg zur Einheit g. Ein **Komma** kann also die Einheiten kg und g voneinander trennen. Diese Kommazahlen stehen in der rechten Spalte.

Aufpassen muss man bei **Nullen**. Hat die Maßzahl **in der Mitte** Nullen, schreibt man diese auch in der Kommazahl:

3107 g = 3,**107** kg

Enthält die Maßzahl keine ganzen Kilogramm, kann man in die Spalte „kg“ eine 0 schreiben. Diese 0 steht vor dem Komma:

420 g = **0**,420 kg

Es können auch die Stellen „100 g“ oder „10 g“ fehlen. In der Stellenwerttafel steht an diesen Stellen eine Null. Dann stehen in der Kommazahl auch dort Nullen:

85 g = **0,0**85 kg

Hat die Maßzahl **am Ende** Nullen, darf man diese Nullen in der Kommazahl weglassen:

567**0** g = 5,67**0** kg = 5,67 kg
42**0** g = 0,42**0** kg = 0,42 kg

Rechnen mit Massen

Man kann Massenangaben **addieren** oder **subtrahieren**. Das geht aber **nur** dann, wenn sie in **derselben** Einheit geschrieben sind. Sonst müssen sie in dieselbe Einheit **umgewandelt** werden. Dann addiert oder subtrahiert man die Maßzahl und übernimmt die Einheit.

Wir organisieren einen Tiertransport für den Zoo. Bärin Sara und Eichhörnchen Moppel müssen für eine Weile in den Nachbarzoo umziehen. Dazu müssen wir wissen, was beide zusammen wiegen:

Sara wiegt 439 kg.
Moppel wiegt 353 g.

Wir können nun alle Massen in Kilogramm umrechnen oder alle Massen in Gramm umrechnen.

Sara wiegt: 439 kg = 439 000 g.
Moppel wiegt: 353 g = 0,353 kg.

Nun können wir addieren:

In Kilogramm: 439 kg + 0,353 kg = 439,353 kg
In Gramm: 439 000 g + 353 g = 439 353 g

Rauminhalt

Der **Rauminhalt** ist das,
was in einen Raum hineinpasst.
Dabei meint man mit Raum
kein Zimmer, sondern einen **Hohlraum**.

Um einen Rauminhalt anzugeben, benutzt man die **Einheiten Liter** oder **Milliliter**.

Liter und Milliliter sind also Maßeinheiten, mit denen man die Füllmenge eines Hohlraums angibt. Daher nennt man diese Maßeinheiten auch **Hohlmaße**.

Einheiten und Abkürzungen

Einheit	Abkürzung	Beispiel
Liter	l	In der Packung ist 1 l Milch.
Milliliter	ml	In der Tintenpatrone ist 1 ml Tinte.

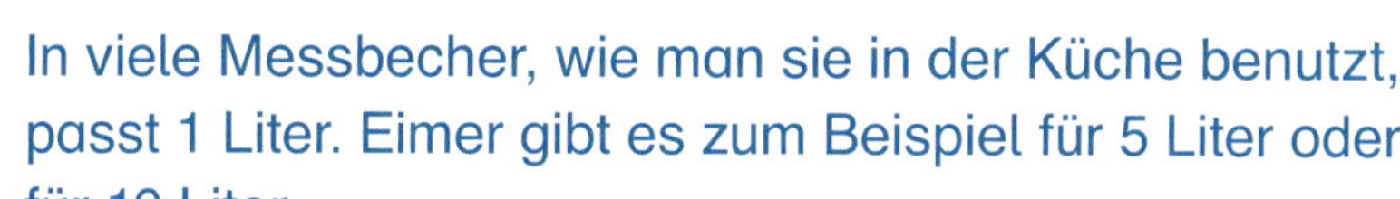

In viele Messbecher, wie man sie in der Küche benutzt, passt 1 Liter. Eimer gibt es zum Beispiel für 5 Liter oder für 10 Liter.

Statt Rauminhalt kann man auch sagen **Volumen**.

Beim Füllen des Hohlraums geht es meist darum, diesen **lückenlos** zu füllen. Das geht oft nur mit Flüssigkeiten, Gasen oder Materialien wie Blumenerde, die sich beim Schütten auch in alle Ecken verteilen.

Versucht man zum Beispiel, einen Frachtcontainer mit Autos zu füllen, bleiben immer ungefüllte, leere Stellen übrig. Gießt man jedoch Milch in einen Tankwagen, kann der Wagen bis in die letzte Ecke gefüllt werden.

Deshalb benutzt man Hohlmaße wie Liter häufig für **Flüssigkeiten** und Gase.

Mit Hohlmaßen gibt man also die Flüssigkeitsmenge an, die in ein Gefäß hineinpasst. Umgekehrt gibt man auch das Fassungsvermögen des Gefäßes in Liter oder Milliliter an. Hohlmaße geben also die **Größe des Hohlraums** im Gefäß an.

In den Blumentopf passen 2 l Erde. Daher hat der Blumentopf ein Fassungsvermögen von 2 l. Er hat also im Inneren einen Hohlraum von 2 l.

Das Fassungsvermögen eines Gefäßes gibt an, wie viel hineinpasst. Man sagt auch, wie viel es „fasst".

Wenn man die Flüssigkeit aus dem Gefäß herausgießt in ein anderes Gefäß, behält sie ihr Volumen.

Wir wollen Pudding kochen. Für zwei Packungen Puddingpulver brauchen wir 1 l Milch. Wir gießen die Milch aus der Packung in den Kochtopf. Obwohl der Kochtopf eine ganz andere Form hat als die Milchpackung, ist die Milchmenge immer noch 1 l.

Wenn die Flüssigkeit das andere Gefäß ebenfalls ganz ausfüllt, hat dieses denselben Rauminhalt wie das erste. Ganz unterschiedlich geformte Gefäße können also denselben Rauminhalt haben.

Wir haben einen Kochtopf verwendet, in dem der 1 l Milch jetzt bis zum oberen Rand steht. Der Kochtopf hat also ein Fassungsvermögen oder einen Rauminhalt von 1 l. (Deshalb ist er zu klein, die Milch würde schnell überkochen. Wir suchen uns einen größeren Topf.)

Auch ein Gegenstand, der nicht hohl ist, hat einen Rauminhalt. Das ist das Volumen, das man hineinfüllen könnte, wenn er hohl wäre und nur aus einer sehr, sehr dünnen Außenhaut bestünde.

Man kann Liter in Milliliter **umrechnen**. Man sagt auch: **umwandeln**. Die blau geschriebene 1000 heißt **Umrechnungszahl** oder **Umwandlungszahl**.

1 l = **1000** ml

Wir können sagen: „In das Aquarium passen 5 l Wasser." Wir können aber auch sagen: „In das Aquarium passen 5000 ml Wasser." Denn 5 l = 5 · 1000 ml = 5000 ml.

Kommaschreibweise für Rauminhalte

Man kann Rauminhalte auf unterschiedliche Weise aufschreiben. Häufig benutzt man die **Kommaschreibweise**.

Man trennt hierbei die größere Einheit von der kleineren Einheit durch ein **Komma**. Dann hat man eine **Kommazahl**. Hinter diese **Kommazahl** setzt man die größere Einheit.

Beim Umwandeln in eine Kommazahl hilft es, wenn man die Angaben in eine **Stellenwerttafel** schreibt.

Rauminhalt	l	100 ml	10 ml	1 ml	Kommazahl
5208 ml	5	2	0	8	5,208 l
719 ml	0	7	1	9	0,719 l

Bruchteile von Rauminhalten

Rauminhalte werden oft auch in Bruchteilen von 1 l angegeben. Eine **halber Liter** ist die **Hälfte** eines Liters oder die Hälfte von 1000 ml. Man muss also 1000 ml durch 2 teilen:

1000 ml : 2 = 500 ml.

Ein **Viertelliter** ist ein **Viertel** von 1 l oder ein Viertel von 1000 ml. Man muss also 1000 ml durch 4 teilen:

1000 ml : 4 = 250 ml.

Ein **Achtelliter** ist ein **Achtel** von 1 l, also:

1000 ml : 8 = 125 ml.

Es gibt eine besondere **Schreibweise** für Bruchteile:

Bruchteil	Beispiel
ein halb	½ l Milch braucht man für eine Packung Puddingpulver.
ein viertel	¼ l Wasser braucht Leah für eine selbst gemachte Limonade.
ein achtel	⅛ l Milch braucht Oma für einen Hefeteig.

Zeit

Bei der Zeit unterscheidet man zwischen **Zeitpunkten** und **Zeitspannen**.

Wenn wir fragen: „**Um welche Zeit** treffen wir uns?“, meinen wir einen Zeitpunkt.

Wenn wir fragen: „**Wie viel Zeit** brauchst du für die Hausaufgaben?“, meinen wir eine Zeitspanne.

Ein Zeitpunkt ist also eine ganz bestimmte Zeit, zu der etwas passiert ist oder passieren soll. Oft meint man damit eine **Uhrzeit**.

Wir fragen nach dem Zeitpunkt auch so: „**Wann** treffen wir uns?“ oder: „**Um wie viel Uhr** treffen wir uns?“

Eine Zeitspanne ist eine **Zeitdauer**. Sie gibt an, wie lange etwas dauert.

Wir fragen nach einer Zeitspanne auch so: „**Wie lange** brauchst du für die Hausaufgaben?“

Uhrzeit

Uhrzeiten bezeichnen einen **Zeitpunkt**. Man gibt sie meist in Stunden und Minuten an. Dazu gibt es verschiedene Möglichkeiten. Manche benutzt man nur in einigen Gegenden.

Viertel nach 8 08:15 Uhr Viertel 9 15 min nach 8

> Die Schreibweise 08:15 Uhr spricht man: „8 Uhr 15“. Man benutzt diese Sprechweise immer mit „Uhr“. Statt „Es ist 7 Uhr“ sagt man aber meistens nur „Es ist 7“. Dann lässt man „Uhr“ also meist weg. Man sagt auch meistens „viertel nach 8“ und lässt „Uhr“ weg.

Das Wort „**Tag**“ hat zwei unterschiedliche Bedeutungen. Manchmal meint es nur den „hellen Teil“ des Tages.

Am Tag ist es wärmer als in der Nacht.

Manchmal meint es aber auch den vollständigen Tag aus „hellem“ und „dunklem“ Teil.

Es sind noch 4 Tage bis Weihnachten.

Dieser vollständige Tag hat 24 Stunden. Er beginnt mit 0 Uhr um Mitternacht und endet zur nächsten Mitternacht. Man sagt häufig, er endet um 24 Uhr. „24 Uhr“ ist aber dasselbe wie „0 Uhr“ des nächsten Tages:

Montag, 24 Uhr, ist dasselbe wie Dienstag, 0 Uhr.

Eine **digitale Uhr** zeigt deshalb nie 24:00 Uhr an.
Nach 23:59 Uhr folgt 00:00 Uhr.

Zeigeruhren haben nur Ziffern von 1 bis 12. Sie teilen den vollständigen Tag in 2-mal 12 Stunden. Die erste Hälfte beginnt um Mitternacht um 12 Uhr. Die zweite Hälfte beginnt mittags um 12 Uhr.

„Es ist 8 Uhr morgens" bedeutet, dass die 8. Stunde seit Mitternacht vergangen ist. Die 8. Stunde beginnt um 7 Uhr und endet um 8 Uhr.
„Es ist halb 8" bedeutet, dass die 8. Stunde zur Hälfte vorbei ist. Da die 8. Stunde um 7 Uhr beginnt, ist es also 07:30 Uhr.

Wenn die Zeigeruhr viertel nach 5 anzeigt, erkennt man nicht, ob es 05:15 Uhr ist oder 17:15 Uhr.

20 nach 6

18:20 Uhr

10 vor halb 7

Zur Unterscheidung kann man auch dazu sagen, ob man den Vormittag oder den Nachmittag meint.

abends um 6 morgens um 7 3 Uhr nachts

„Vormittag" ist die Zeit vor dem Mittag,
„Nachmittag" ist die Zeit nach dem Mittag.

Zeitspannen

Zeitspannen kann man in verschiedenen **Maßeinheiten** angeben.

Das Jahr 2020 hatte zum Beispiel 366 Tage. Das nächste Jahr mit 366 Tagen wird das Jahr 2024 sein. So ein Jahr mit 366 Tagen nennt man Schaltjahr.

1 **Jahr** = 12 Monate

1 Jahr hat meistens 365 Tage.
Jedes vierte Jahr hat aber 366 Tage.

1 **Monat** hat 28 bis 31 Tage.

Tage im Monat

Tage	Monat
28	Februar
30	April, Juni, September, November
31	Januar, März, Mai, Juli, August, Oktober, Dezember

1 **Tag** = 24 Stunden

Ein Schaltjahr hat einen Tag mehr als ein gewöhnliches Jahr. Dieser zusätzliche Tag wird im Februar eingefügt. Der Februar hat in einem Schaltjahr deshalb 29 Tage.

Zu einigen Einheiten gibt es eine Abkürzung.

1 **Tag** = 1 **d**
1 **Stunde** = 1 **h**
1 **Minute** = 1 **min**
1 **Sekunde** = 1 **s**

Die Umwandlungszahlen sind unterschiedlich:

1 d = **24** h   1 h = **60** min   1 min = **60** s

Möchte man zwei Zeitspannen **addieren** oder **subtrahieren**, sollte man zunächst alle in **dieselbe Zeiteinheit umwandeln**:

Wir verreisen. Erst fahren wir 22 min mit dem Bus und dann 4 h 43 min mit dem Zug. Um die gesamte Reisezeit zu berechnen, müssen wir die Zeitangaben addieren. Dazu wandeln wir die Dauer der Zugfahrt in Minuten um:

4 h 43 min = 4 h + 43 min = 4 · 60 min + 43 min = 283 min

22 min + 283 min = 305 min

Wir können das Ergebnis wieder in Stunden und Minuten umwandeln. Wir teilen durch 60, denn 1 h hat 60 min:

305 : 60 = 5 Rest 5

In 305 min stecken also 5 ganze Stunden und 5 Minuten bleiben übrig. Die Reise dauert also 5 h 5 min.

Zeitpunkte berechnen

Manchmal weiß man, wann etwas anfängt und wie lange es dauert. Dann kann man den **Zeitpunkt** berechnen, zu dem es zu Ende ist.

Wir wollen einen Film sehen. Der Film fängt um 16:45 Uhr an und dauert 100 min. Wann ist der Film zu Ende?

Um das zu berechnen, ist es praktisch, die Dauer des Films in Stunden und Minuten umzurechnen: 100 min = 1 h 40 min.

Nun zählen wir zunächst die volle Stunde des Films zur Stunde der Anfangszeit dazu: 16:45 Uhr + 1 h: 17:45 Uhr.

Nun wollen wir die 40 min des Films noch dazuzählen. Dabei müssen wir beachten, dass es von 17:45 Uhr bis zur nächsten vollen Stunde nur 15 min dauert. Wenn also weitere 15 min des Films gelaufen sind, ist es 18 Uhr.

Nun bleiben vom Film noch 40 min – 15 min = 25 min übrig. Der Film endet also um 25 min nach 18 Uhr, also um 18:25 Uhr.

Dies kann man in einem Pfeilbild anschaulich darstellen.

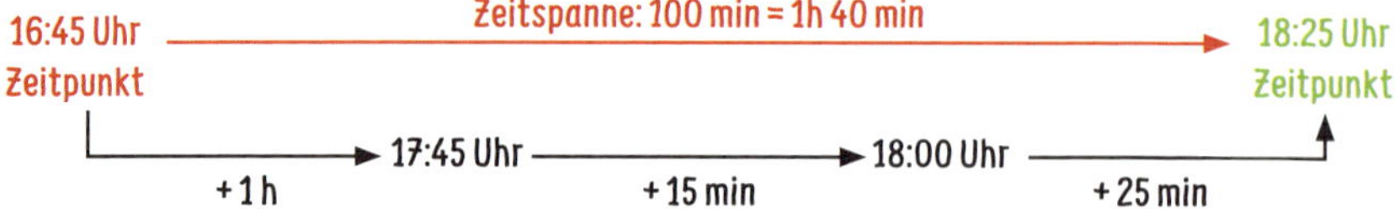

Zeitspannen berechnen

Wenn man den Anfangszeitpunkt und den Endzeitpunkt kennt, kann man berechnen, **wie lange** etwas dauert. Man kann die **Zeitspanne** berechnen.

Der Film beginnt um 15:15 Uhr und endet um 17:10 Uhr. Wie lange dauert er?

Zunächst überlegen wir, wie lange es von 15:15 Uhr **bis zur nächsten vollen Stunde** dauert:
Von 15:15 Uhr bis 16 Uhr dauert es 45 min.

Jetzt überlegen wir, wie viele **volle Stunden** noch dazu kommen. Es ist eine volle Stunde bis 17 Uhr.

Der Film dauert aber bis 17:10 Uhr. Er dauert also noch 10 min länger. Diese **restlichen 10 Minuten** addieren wir auch noch.

Der Film dauert also:
45 min + 1 h + 10 min = 45 min + 60 min + 10 min
= 115 min = 1 h 55 min.

Dies kann man in einem Pfeilbild anschaulich darstellen.

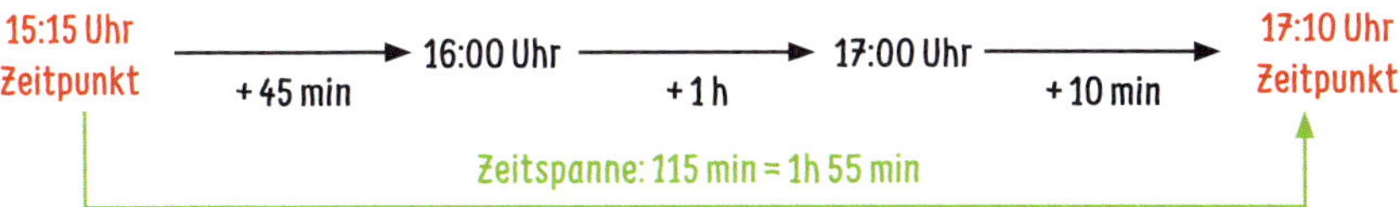

Bruchteile von Zeiteinheiten

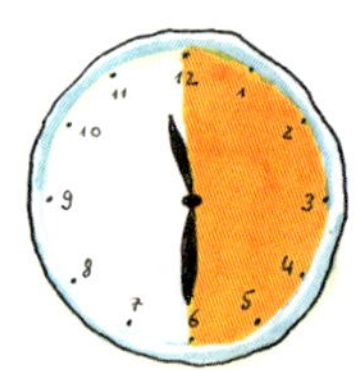

Eine **halbe Stunde** ist die **Hälfte** einer Stunde oder die Hälfte von 60 Minuten. Man muss 60 Minuten durch 2 teilen, um die Minutenzahl einer halben Stunde zu bekommen:

60 min : 2 = 30 min.

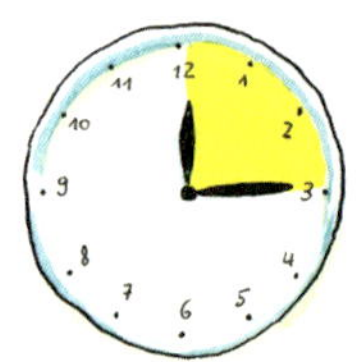

Eine **Viertelstunde** ist ein **Viertel** von einer Stunde oder ein Viertel von 60 Minuten. Man muss also 60 Minuten durch 4 teilen, um die Minutenzahl einer Viertelstunde zu bekommen:

60 min : 4 = 15 min.

Eine **Dreiviertelstunde** sind drei Viertelstunden, also:

15 min • 3 = 45 min.

Es gibt eine besondere **Schreibweise** für Bruchteile:

Bruchteil	Beispiel
ein halb	½ Jahr ist die Hälfte von 12 Monaten: 12 Monate : 2 = 6 Monate
ein viertel	¼ Jahr ist: 12 Monate : 4 = 3 Monate
drei viertel	¾ Jahr ist: 3 • 3 Monate = 9 Monate

Geld

Unterschiedliche Länder haben für ihr Geld unterschiedliche **Währungen**. Währungen sind Maßeinheiten für Geld.
In Deutschland benutzt man die **Einheiten Euro** und **Cent**.

1 € = **100** ct

Möchte man Geldbeträge in die Kommaschreibweise umwandeln, kann man eine Stellenwerttafel nutzen.

Betrag	10 €	1 €	10 ct	1 ct	Kommazahl
538 ct		5	3	8	5,38 €

In manchen Redewendungen kommen Währungen vor, die es nicht mehr gibt. „Das Auto ist keine müde Mark wert" bedeutet, dass das Auto nichts wert ist. „Timo muss jeden Pfennig zweimal umdrehen" bedeutet, dass Timo sehr sparsam sein muss. Mark und Pfennig waren früher die Währungen in Deutschland – deine Eltern können sich bestimmt noch daran erinnern.

Andere Währungen

Möchte man im Urlaub im Ausland etwas kaufen, braucht man meistens Geld in der dort geltenden Währung, wie Pfund in Großbritannien oder dänische Kronen in Dänemark. Man muss das eigene Geld deshalb umtauschen. Auch dafür gibt es Umrechnungszahlen. Diese können sich aber ändern.

Körper

Ein **Körper** ist etwas, was einen **Raum einnimmt**. Wenn etwas einen Raum einnimmt, bedeutet das, dass es nicht flach ist. Es ragt in die Höhe.

Ein **Würfel** nimmt Raum ein.
Ein Würfel ist deshalb ein Körper.

Manche sagen statt Körper auch räumliche Figur. Damit wird der Unterschied zur ebenen Figur betont. Die ebene Figur ist flach, die räumliche Figur ist nicht flach.

Körperformen

Diese Körperformen kommen häufig vor:

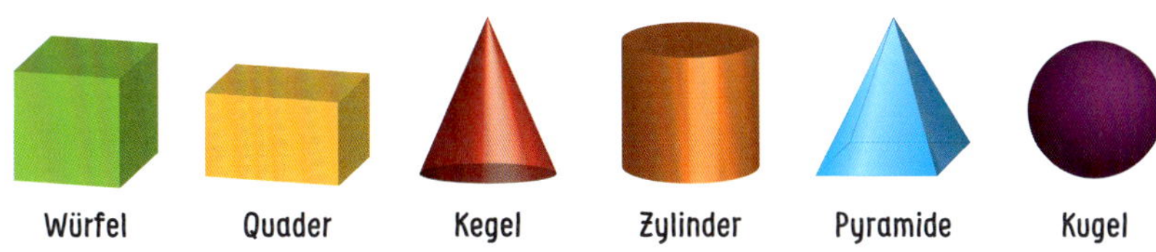

Pyramiden haben eine Bodenfläche und Seitenflächen. Die Bodenfläche kann unterschiedliche Formen haben. Unsere Pyramide hat ein Quadrat als Bodenfläche.

Alle Körper haben **Flächen**. Flächen können eben sein oder gekrümmt. **Würfel** haben 6 ebene Flächen. **Kegel** haben 2 Flächen. Eine davon ist ein Kreis. Die andere ist **gekrümmt**.

Wenn **2 Flächen** aneinanderstoßen, bilden sie eine **Kante**.

Wenn **mindestens 3 Kanten** aneinanderstoßen, bilden sie eine **Ecke**.

In der Spitze eines Kegels stoßen keine Kanten aneinander. Die Spitze eines Kegels ist also für Mathematiker keine Ecke.
Die Spitze einer Pyramide ist aber eine Ecke, denn hier stoßen vier Kanten aneinander.

Anzahl der Flächen, Kanten und Ecken

Körper	Flächen	Kanten	Ecken
Würfel	6	12	8
Quader	6	12	8
Kegel	2	1	0
Zylinder	3	2	0
Pyramide	5	8	5
Kugel	1	0	0

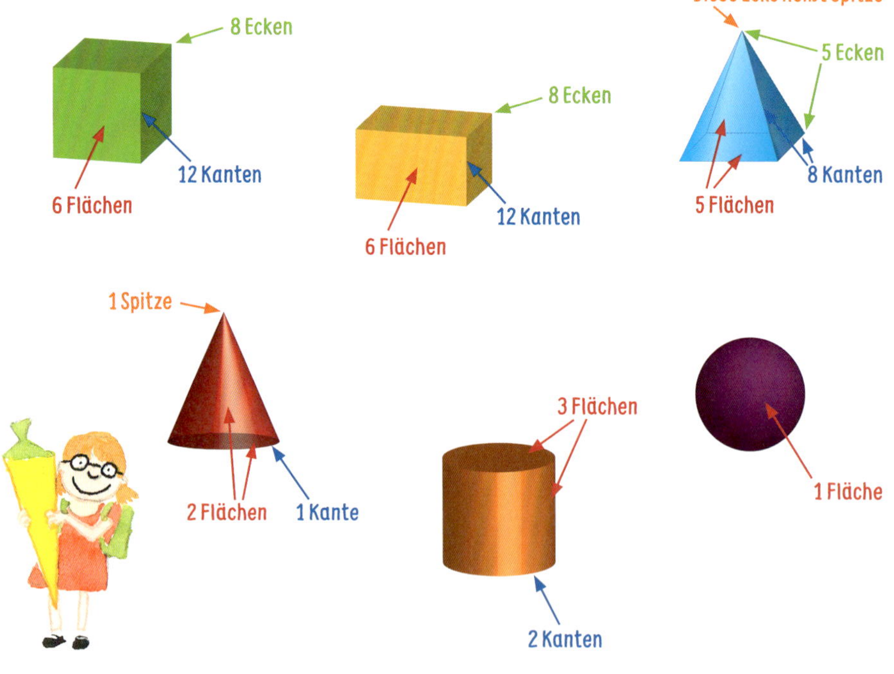

Körpernetze

Man kann sich vorstellen, dass man einen Körper an einigen Kanten aufschneidet. Dann kann man ihn **aufklappen** und flach ausbreiten. Dieser aufgeklappte, flach ausgebreitete Körper ist ein **Körpernetz**. Man sagt auch kurz: **Netz**.

Dabei müssen die Flächen des Körpers **miteinander verbunden** bleiben. Es dürfen keine Flächen einzeln liegen.

Oft gibt es **mehrere Möglichkeiten**, das Körpernetz eines Körpers zu zeichnen.

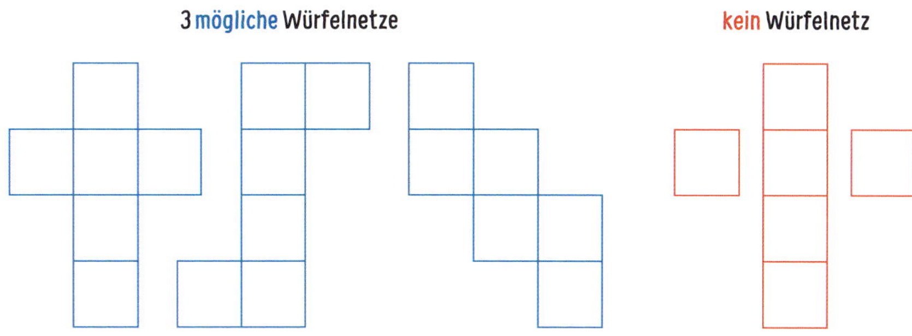

Wenn das Netz richtig gezeichnet ist, kann man es zu dem Körper falten.

Aus dem linken Netz können wir einen Würfel falten. Aus dem rechten Netz können wir **keinen** Würfel falten. Die Flächen 4 und 6 liegen nach dem Falten übereinander. Dafür fehlt die Fläche der linken Seite.

Netz eines Würfels

kein Netz eines Würfels

Es gibt noch mehr Körpernetze:

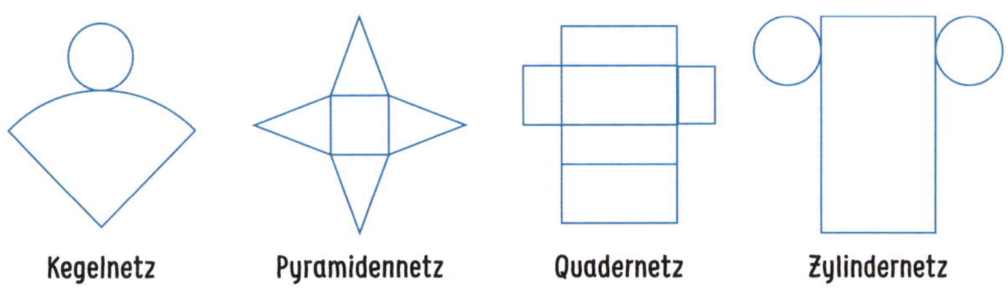

Von einer **Kugel** kann man **kein** Körpernetz herstellen. Eine Kugel hat keine Kanten. Man kann sie also nicht so auseinanderschneiden, dass etwas ganz Flaches entsteht.

Kantenmodell

Manchmal möchte man einen Körper bauen. Dann kann man ihn besser von allen Seiten betrachten. Man sagt dann auch, dass man das **Modell** eines Körpers baut.

Man kann zum Beispiel das **Netz** eines Körpers zu einem Körper zusammenfalten und die Kanten verkleben.

Man kann aber auch ein Modell eines Körpers bauen, indem man nur die Kanten des Körpers verwendet. **Kanten** sind die **Linien**, an denen zwei Flächen zusammenstoßen. Man braucht also dünne Stäbe wie Schaschlikspieße, Zahnstocher oder Strohhalme.

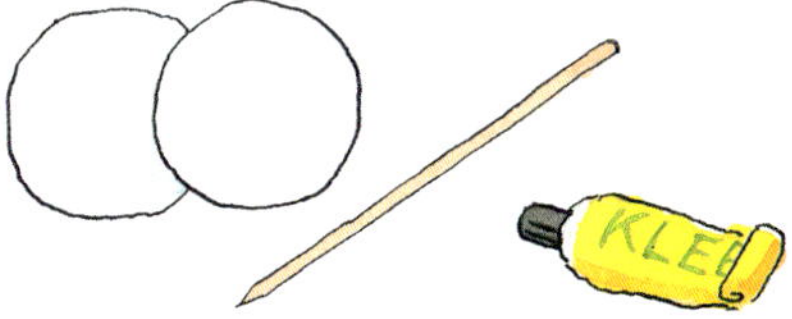

Kanten stoßen in **Ecken** zusammen. Man braucht also auch noch etwas, mit dem man die Stäbe in den Ecken verbinden kann. Dazu eignen sich zum Beispiel Kugeln aus Knetgummi.

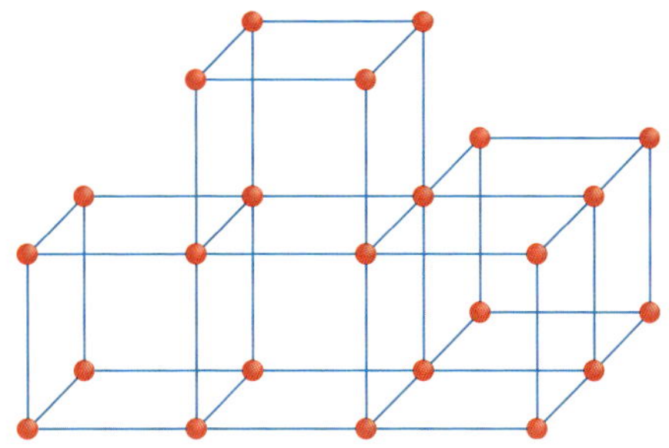

Würfelbau und Baupläne

Ein **Würfelbau** ist ein Bau aus Würfeln. Da ein Würfelbau aus mehreren Würfeln besteht, sagt man auch **Würfelmehrling** dazu. Ein Würfelbau aus 3 Würfeln ist ein Würfeldrilling, einer aus 5 Würfeln ein Würfelfünfling und so weiter.

Wir bauen diesen Würfelbau:

Zu einem solchen Würfelbau kann man einen Bauplan erstellen. Dann weiß man auch später noch, wie der Würfelbau zusammengesetzt ist.

Wir möchten einen Bauplan zu unserem Würfelbau zeichnen. Zunächst zählen wir ab, wie breit und wie lang unser Würfelbau ist: Er ist 4 Würfel lang und 3 Würfel breit. Wir zeichnen also zunächst ein Rechteck, das 3 Quadrate breit und 4 Quadrate lang ist.

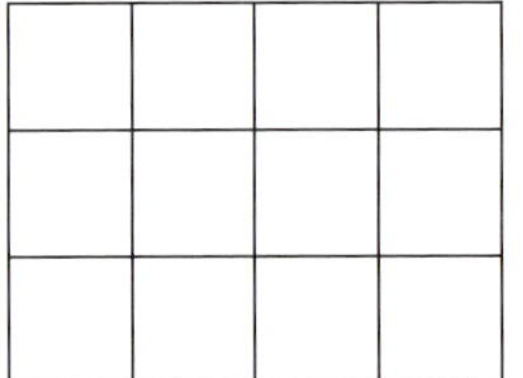

Mit **Bau** bezeichnet man verschiedene Dinge: Wenn jemand auf dem Bau arbeitet, ist die **Baustelle** gemeint. Wenn man sagt: Der Bau der Brücke dauert lang, dann meint man das Bauen als Tätigkeit. Häufig ist mit Bau das fertige Gebäude gemeint. Man sagt auch Bauwerk zu einem Gebäude.

Nun stellen wir uns vor, dieses Rechteck würde unter dem Würfelbau liegen.

Dann zählen wir ab, wie viele Würfel über einem Quadrat übereinandergestapelt sind. Wir schreiben die Zahl in das Quadrat. Auf dem Quadrat in der rechten hinteren Ecke steht ein Turm aus 3 gelben Würfeln Die Zahl 3 schreiben wir also in das rechte hintere Quadrat. Das machen wir für alle Würfeltürme in dem Würfelbau.

2	1	1	3
1	3	0	2
0	0	0	1

Wenn man einen Bauplan zu einem Würfelbau erstellt, muss man daran denken, dass die Würfel nicht schweben können. Auch wenn man nur den oberen hellblauen Würfel in diesem Würfelbau sieht, muss darunter noch ein Würfel stehen!

Man kann einen Würfelbau von verschiedenen Seiten betrachten. Zu jeder Seite kann man eine Ansicht zeichnen.

Wir möchten nun zeichnen, wie unser Würfelbau von rechts aussieht.

Von rechts sehen wir die Seitenflächen der gelben, blauen und rosa Würfel. Wir sehen aber, dass der rote Turm einen Würfel höher ist als der blaue Turm. Über den blauen Würfeln können wir also noch einen roten Würfel sehen. Diesen müssen wir in der Seitenansicht auch zeichnen.

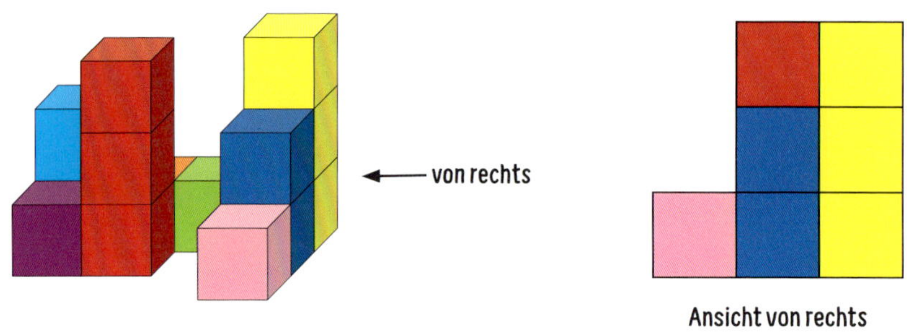

Ansicht von rechts

Schrägbilder

Betrachtet man einen Würfel genau von einer Seite, sieht man ein Quadrat. Wenn man einen Würfel so zeichnet, weiß man nicht mehr, ob ein Quadrat oder ein Würfel gezeichnet wurde.

Damit man einen Körper als Körper erkennt, kann man ihn schräg von einer Seite anschauen. Dann sieht man nicht nur eine Seite, sondern mehrere.

Wenn man einen Körper schräg von der Seite zeichnet, nennt man die Zeichnung **Schrägbild**.

1. Man zeichnet zuerst die vordere Fläche des Körpers.
2. Dann zeichnet man die nach hinten laufenden Kanten des Körpers. Diese Kanten zeichnet man schräg und verkürzt.
3. Zuletzt zeichnet man die hinteren Kanten, die man sehen kann.

Wir möchten das Schrägbild eines Würfels zeichnen. Alle Kanten des Würfels sollen 2 Kästchen lang sein.

1. Wir zeichnen für die **vordere Fläche** also ein Quadrat, das 2 Kästchen breit und 2 Kästchen hoch ist.
2. Die nach hinten laufenden Kanten zeichnen wir kürzer, nämlich nur eine Kästchendiagonale lang.
3. Dann ergänzen wir noch die fehlenden hinteren Kanten, aber nur die, die wir sehen können.

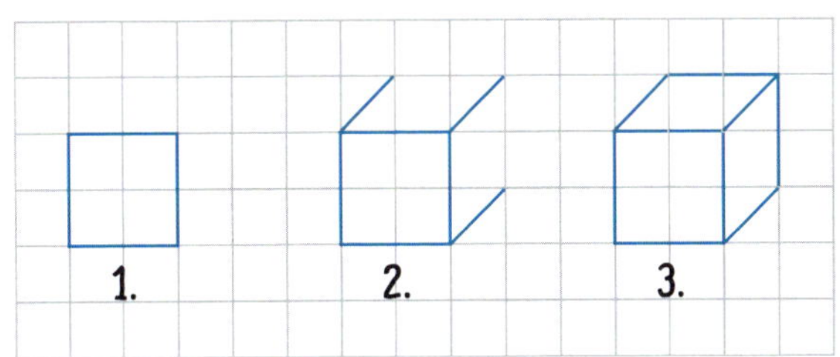

Linien

In der Mathematik kommen häufig **gerade** Linien vor. Gerade Linien haben keine Knicke und keine Kurven. Man unterscheidet gerade Linien danach, ob sie Anfangs- und Endpunkte haben oder nicht.

Gerade Linien in der Mathematik

Name	Eigenschaften
Strecke	Eine Strecke hat einen Anfangspunkt **und** einen Endpunkt.
Strahl	Ein Strahl hat einen Anfangspunkt, aber **keinen** Endpunkt. Er geht immer weiter.
Gerade	Eine Gerade hat **keinen** Anfangspunkt und **keinen** Endpunkt. Sie geht in beiden Richtungen immer weiter.

Bei einer Strecke ist es egal, welches Ende man als Anfangspunkt bezeichnet und welches als Endpunkt – so wie man auch bei einem Würstchen Anfang und Ende nicht unterscheiden kann. Man kann deshalb auch sagen, dass eine Strecke zwei Enden hat.

Strecke

Man zeichnet eine **Strecke**, indem man eine gerade Linie zieht. An den Anfangspunkt **und** an den Endpunkt setzt man einen kleinen **Querstrich**. Dieser Querstrich markiert Anfangspunkt und Endpunkt der Linie.

Im Alltag spricht man oft von einer Strecke, wenn man eine Wegstrecke meint. Dabei meint man die Länge dieser Wegstrecke: „Wir haben noch eine Strecke von 5 km vor uns.“

Strahl

Man zeichnet einen **Strahl**, indem man eine gerade Linie zieht. An den Anfangspunkt setzt man einen kleinen **Querstrich**. Ein Strahl hat aber **kein** Ende, sondern geht immer weiter und weiter und weiter. Man kann in Wirklichkeit aber keine Linie zeichnen, die immer weiter und weiter geht. Deshalb lässt man am Endpunkt den Querstrich einfach **weg**.

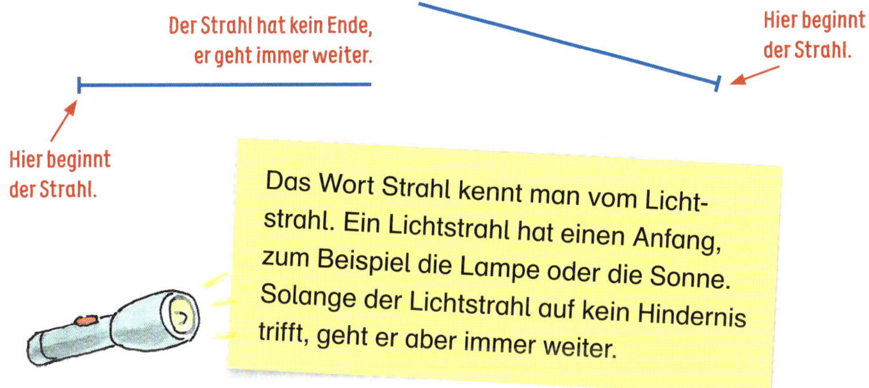

Das Wort Strahl kennt man vom Lichtstrahl. Ein Lichtstrahl hat einen Anfang, zum Beispiel die Lampe oder die Sonne. Solange der Lichtstrahl auf kein Hindernis trifft, geht er aber immer weiter.

Gerade

Man zeichnet eine **Gerade**, indem man eine gerade Linie zieht.

Eine Gerade hat **kein** Ende und **keinen** Anfang. Stattdessen geht sie in beide Richtungen immer weiter und weiter. Man kann in Wirklichkeit aber keine Linie zeichnen, die in beide Richtungen immer weiter und weiter geht. Deshalb lässt man die kleinen Querstriche am Anfangspunkt und am Endpunkt **weg**.

Die Gerade hat keinen Anfang, sie geht immer weiter.

Die Gerade hat kein Ende, sie geht immer weiter.

Das Wort Gerade kennt man im Alltag nicht als Substantiv. Da benutzt man es oft als Adjektiv: Der Besenstiel ist nicht gerade, er ist krumm.

Parallele Geraden

Wenn zwei Geraden **parallel zueinander** sind, dann haben sie überall **denselben** Abstand.

Parallele Geraden kommen sich nirgendwo näher. Deshalb treffen sie sich auch nie.

Parallel sind zum Beispiel die Sprossen einer Leiter. Wäre das nicht so, wäre das Hinaufsteigen viel gefährlicher.

Die grüne und die gelbe Gerade sind zueinander **parallel**. Sie bleiben immer im selben Abstand.

Die blaue und die grüne Gerade sind **nicht** zueinander parallel. Sie laufen unten aufeinander zu.

Sich schneidende Geraden

Wenn zwei Geraden nicht parallel zueinander sind, dann laufen sie aufeinander zu. Deshalb treffen sie sich irgendwo. Sie kreuzen sich und laufen anschließend weiter.

Wenn Geraden sich kreuzen, sagt man: Die Geraden **schneiden sich**. Der Punkt, in dem die beiden Geraden sich kreuzen, heißt deshalb **Schnittpunkt**.

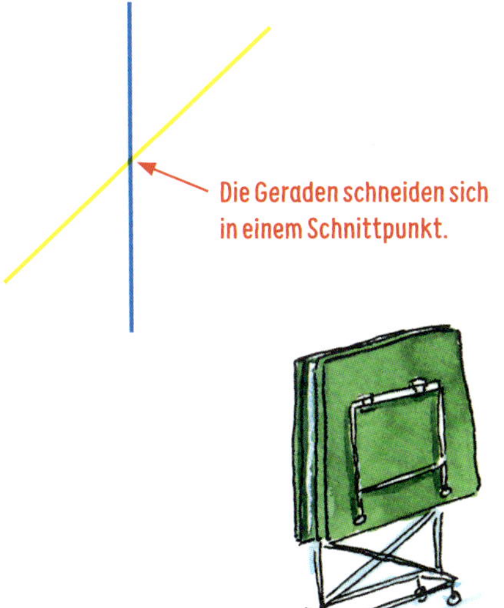

Zwar sagt man „Die Geraden schneiden sich." Dennoch ist es nicht so, dass die eine Gerade die andere zerschneidet. Beide laufen unbeschadet durch den Schnittpunkt hindurch und anschließend weiter.

Rechte Winkel

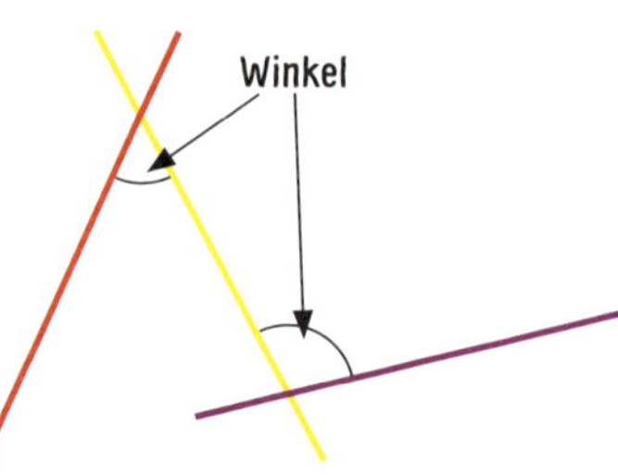

Wenn zwei Geraden sich schneiden, bilden sie einen **Winkel**. Man markiert einen Winkel durch einen **Bogen**.

Winkel können verschieden groß sein. Ein besonderer Winkel ist der **rechte Winkel**. Rechte Winkel begegnen uns sehr häufig. **Zimmerecken** sind meistens **rechtwinklig**, denn die Wände bilden rechte Winkel. Einen rechten Winkel markiert man durch einen **Punkt**.

Wenn zwei **Geraden** einen rechten Winkel bilden, sagt man: „Die Geraden **stehen** senkrecht **auf**einander." oder: „Die Geraden **sind** senkrecht **zu**einander."

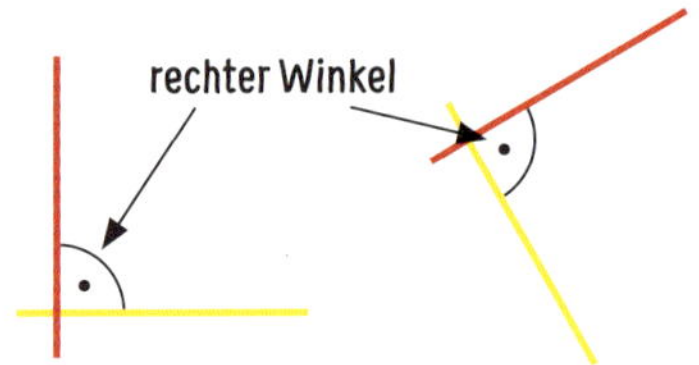

Die rote und die gelbe Gerade stehen **senkrecht** aufeinander. Sie bilden einen **rechten Winkel**.

Senkrecht und waagerecht

Das Wort **senkrecht** bedeutet im Alltag, dass etwas genau **von oben nach unten** verläuft. Es ist senkrecht zur **Erdoberfläche**.
Waagerecht ist etwas, das genau **von links nach rechts** geht und nicht schräg ist.
Eine Wasseroberfläche ist waagerecht.

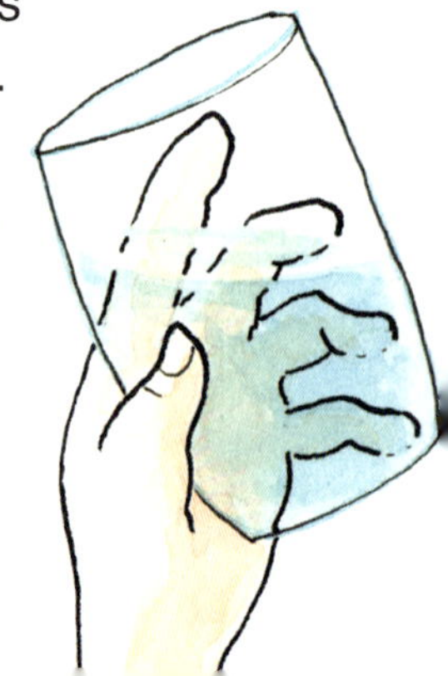

Die rote Gerade ist senkrecht, denn sie verläuft genau von oben nach unten. Die gelbe Gerade ist waagerecht, denn sie verläuft genau von links nach rechts.

Eine senkrechte Linie und eine waagerechte Linie bilden einen rechten Winkel. Eine senkrechte Linie und eine waagerechte Linie sind daher **senkrecht zueinander**:
Die waagerechte Linie ist senkrecht zur senkrechten Linie.
Die senkrechte Linie ist senkrecht zur waagerechten Linie.

Zwei Geraden können auch dann senkrecht **zueinander** sein, wenn keine davon senkrecht verläuft.

Die Tischplatte links ist waagerecht. Die Tischbeine sind senkrecht. Die Tischbeine sind außerdem senkrecht **zur** Tischplatte. Genauso ist die Tischplatte senkrecht **zu** den Tischbeinen.

Rechts ist die Tischplatte nicht waagerecht. Die Tischbeine sind nicht senkrecht. Aber die Tischbeine sind trotzdem senkrecht **zur** Tischplatte. Und die Tischplatte ist senkrecht **zu** den Tischbeinen.

Ebene Figuren

Der Begriff **ebene Figuren** setzt sich aus zwei Worten zusammen: **eben** und **Figur**.

Wenn etwas **eben** ist, ist es flach. Auf einer Ebene gibt es keine Hügel oder Täler. Das Wort **Figuren** wird für viele Dinge benutzt, zum Beispiel für die Spielfiguren bei Brettspielen.

In der Mathematik meint man mit dem Begriff **Figur** eine Form. Eine **ebene** Figur ist also eine Form, die ganz flach ist.

Manche sagen auch einfach Fläche zu einer ebenen Figur.

Ebene Figuren mit Ecken

Viele ebene Figuren werden von geraden Linien begrenzt. Diese Linien nennt man **Seiten**. Da, wo 2 Seiten zusammenstoßen, bilden sie eine **Ecke**.

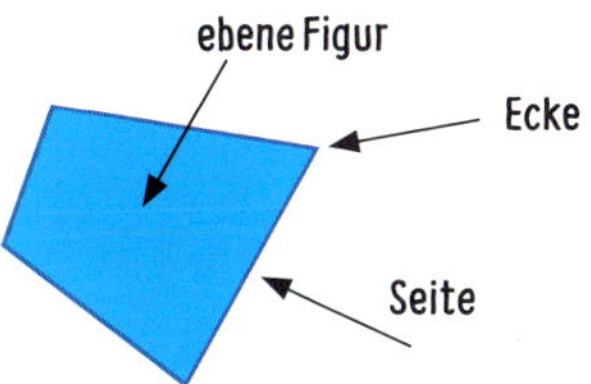

Die **Anzahl der Ecken** bestimmt den Namen der Figur.

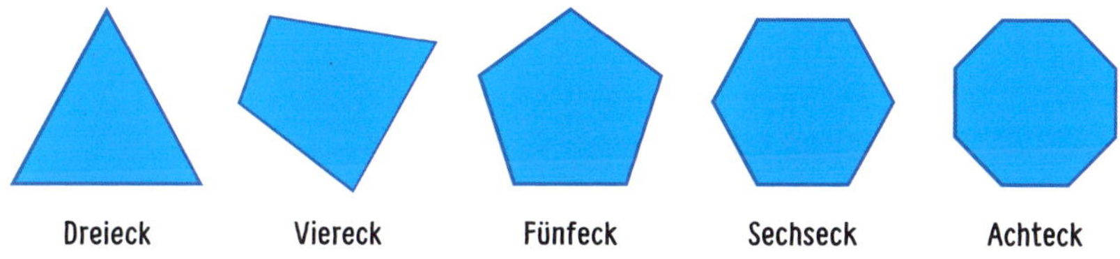

Ein Vier**eck** ist eine Fläche mit 4 Ecken.
Ein Sechs**eck** ist eine Fläche mit 6 Ecken.

Eine ebene Figur hat so viele Seiten, wie sie Ecken hat.

Ein Dreieck hat 3 Ecken und 3 Seiten.
Ein Viereck hat 4 Ecken und 4 Seiten.

Vierecke

Vierecke haben 4 Ecken und 4 Seiten. Vierecke können ganz unterschiedlich geformt sein.

Diese Vierecke haben **besondere Eigenschaften**:

  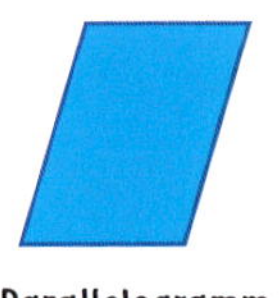  

Quadrat Rechteck Parallelogramm Raute Drachenviereck

Bei manchen sind einige oder alle **Seiten gleich lang**:

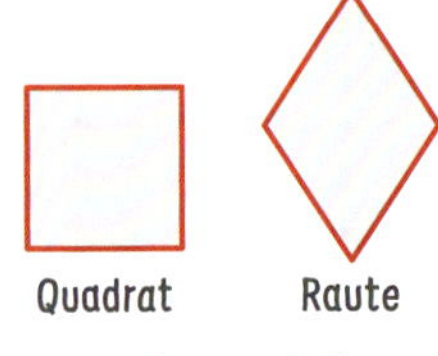

Quadrat Raute

4 gleich lange Seiten

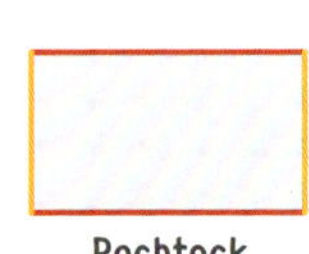 

Rechteck Parallelogramm

2 Paare von gleich langen Seiten

Drachenviereck

Bei manchen sind gegenüberliegende **Seiten parallel zueinander**:

 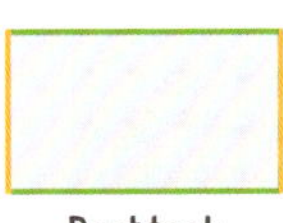  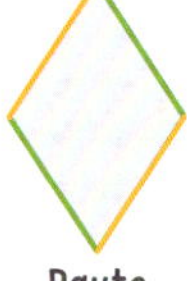

Quadrat Rechteck Parallelogramm Raute

2 Paare von parallelen Seiten

Drachenviereck

keine parallelen Seiten

Quadrat und Rechteck

Im Quadrat sind alle 4 Seiten gleich lang. Im Rechteck sind die sich gegenüberliegenden Seiten **gleich lang.**

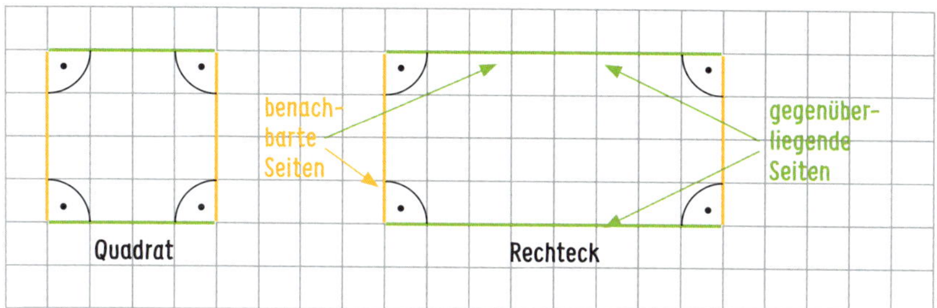

Im **Quadrat** und im **Rechteck** sind die sich **gegenüberliegenden** Seiten **parallel zueinander**.
2 **benachbarte** Seiten bilden einen **rechten Winkel**.

Im Quadrat und im Rechteck sind alle Winkel **rechte Winkel.**

Umfang einer Fläche

Wenn man den **Umfang** von etwas misst, misst man die **Länge** einmal „drum herum“. Genauso könnte man auch um eine ebene Figur ein Maßband herumlegen. Man kann stattdessen aber auch

- die **Längen** der einzelnen Seiten messen und
- dann die Längen der Seiten **addieren**.

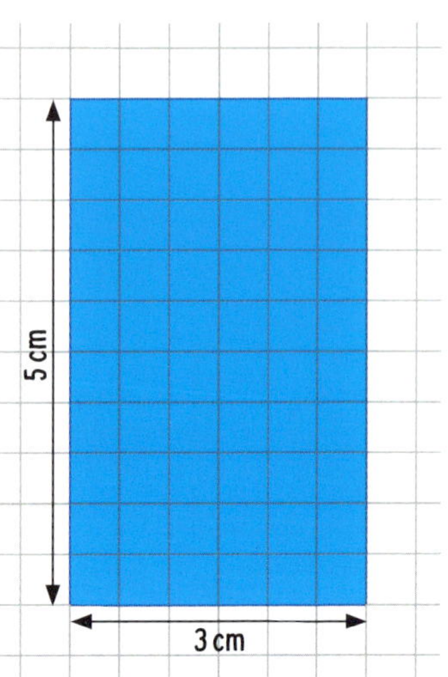

Wir möchten den Umfang des Rechtecks bestimmen. Die linke Seite des Rechtecks ist 5 cm lang und die untere Seite ist 3 cm lang.

Wir wissen, dass beim Rechteck gegenüberliegende Seiten gleich lang sind: Wenn die untere Seite 3 cm lang ist, ist die obere Seite auch 3 cm lang. Wenn die linke Seite 5 cm lang ist, ist die rechte Seite auch 5 cm lang.

Wir addieren die Seitenlängen:

5 cm + 5 cm + 3 cm + 3 cm = 10 cm + 6 cm = 16 cm

Der Umfang des Rechtecks beträgt also 16 cm.

Flächeninhalt

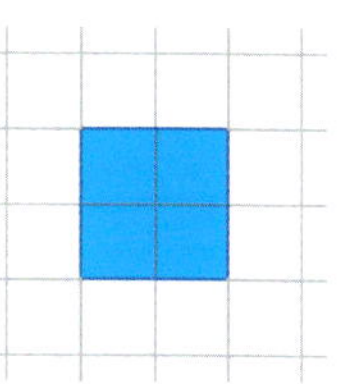

Der **Flächeninhalt** gibt an, wie **groß** eine Fläche ist. Um den Flächeninhalt einer Fläche zu bestimmen, braucht man eine **Maßeinheit**.

Man kann als Maßeinheit ein **Zentimeterquadrat** nehmen. Ein Zentimeterquadrat ist **1 cm breit und 1 cm hoch**. Auf Rechenpapier ist es also 2 Kästchen breit und 2 Kästchen hoch. Nun legt man das Zentimeterquadrat so oft in die Fläche hinein, bis diese ganz **ausgefüllt** ist. Die Zentimeterquadrate müssen genau aneinanderstoßen. Es dürfen keine Lücken bleiben und sie dürfen nicht überlappen. Dann zählt man, **wie viele** man gebraucht hat.

Wir möchten den Flächeninhalt einer ebenen Figur berechnen. Aus Rechenpapier schneiden wir Zentimeterquadrate aus. Mit diesen legen wir die Figur aus.

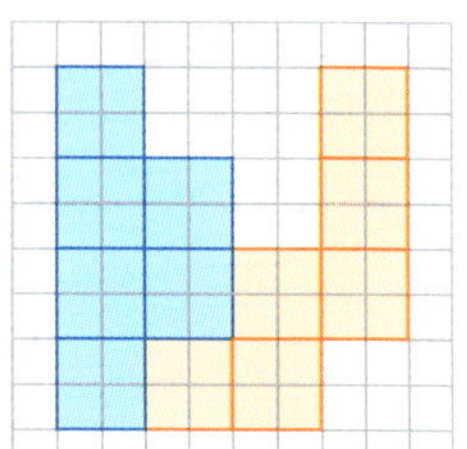

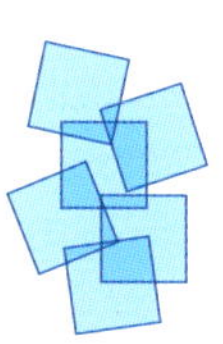

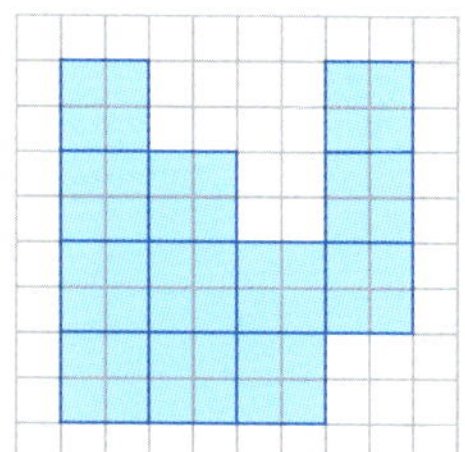

Wir brauchen 12 Zentimeterquadrate. Der Flächeninhalt der ebenen Figur beträgt 12 Zentimeterquadrate.

Man muss die Zentimeterquadrate nicht wirklich ausschneiden. Man kann sie manchmal auch in die Figur einzeichnen. Oder man legt sie in Gedanken in die Figur.

Dreiecke

Ein **Dreieck** hat 3 Ecken und 3 Seiten. Dreiecke können ganz unterschiedlich geformt sein.

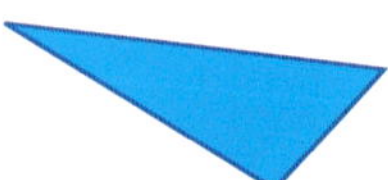

Es gibt 3 Dreiecke mit besonderen Eigenschaften:
- Bei einem **gleichseitigen Dreieck** sind alle 3 Seiten gleich lang.
- Bei einem **gleichschenkligen Dreieck** sind 2 Seiten gleich lang.
- Ein **rechtwinkliges Dreieck** hat einen rechten Winkel.

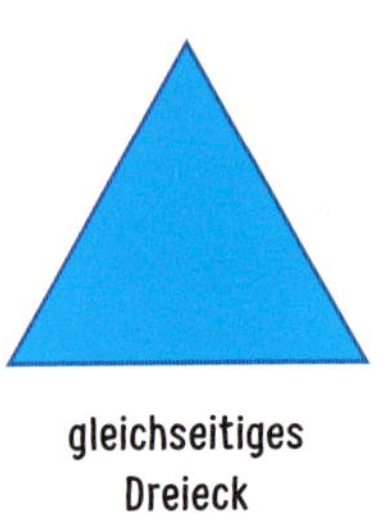
gleichseitiges Dreieck

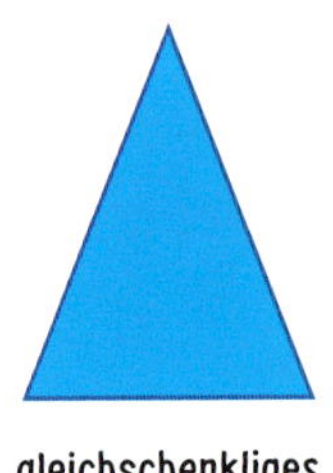
gleichschenkliges Dreieck

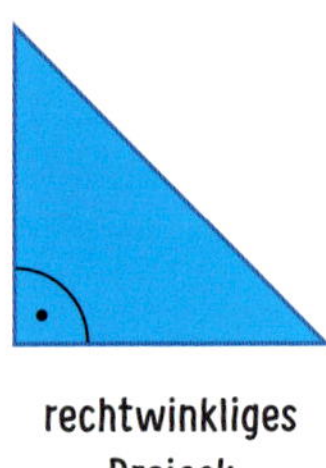
rechtwinkliges Dreieck

Kreise

Ein **Kreis** ist eine ebene Figur ohne Ecken. Ein Kreis ist von einer Linie begrenzt. Diese Linie heißt **Kreislinie**. Genau in der Mitte des Kreises liegt der **Kreismittelpunkt**. Den Abstand zwischen Kreismittelpunkt und Kreislinie nennt man **Radius**. Der Radius eines Kreises ist immer **gleich lang**, gleichgültig an welcher Stelle der Kreislinie man ihn misst.

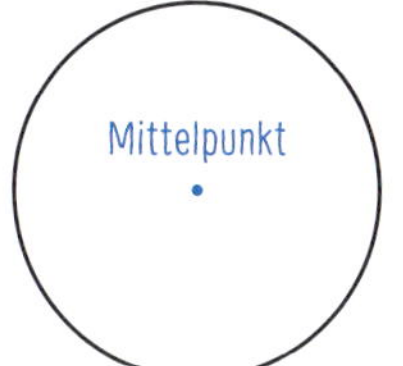

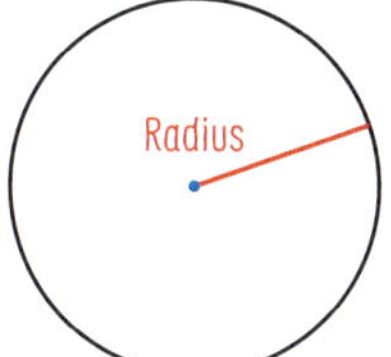

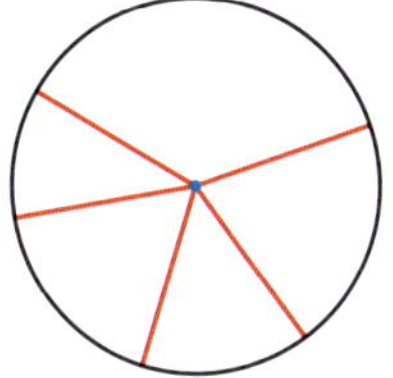

Alle Radien eines Kreises sind gleich lang.

Wenn man im Alltag von Kreis spricht, kann die Kreislinie gemeint sein, aber auch die ganze Kreisfläche.

Das Doppelte des Radius nennt man **Durchmesser**. Der Durchmesser geht einmal ganz durch den Kreis durch, und zwar an der „**dicksten**" Stelle des Kreises. Dabei geht der Durchmesser **durch den Kreismittelpunkt**.

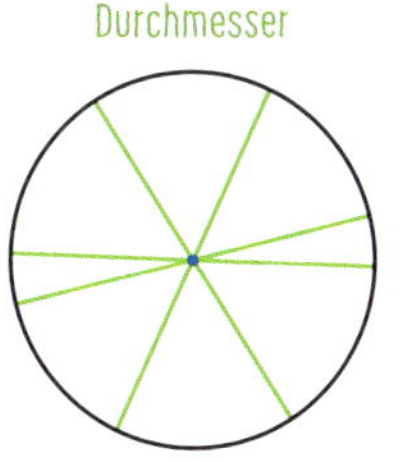

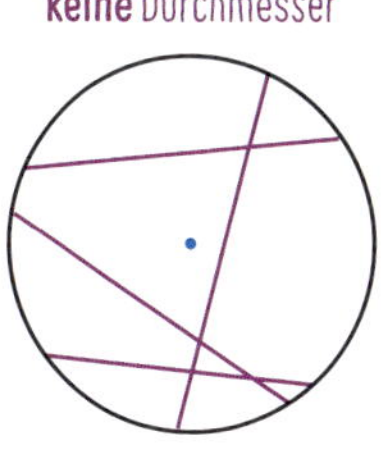

Radius und Durchmesser sind Maße für die Größe des Kreises.

Vergrößern und Verkleinern

Viele Dinge kann man nicht in ihrer Originalgröße zeichnen. Ein Haus ist zu groß und passt nicht auf ein Blatt Papier. Ein Käfer ist zu klein und man kann ihn gar nicht richtig erkennen. Deshalb kann man das Haus verkleinert und den Käfer vergrößert zeichnen.

Den echten Gegenstand nennt man auch **Original**.

Maßstab

Oft möchte man an die Zeichnung schreiben, um wie viel sie vergrößert oder verkleinert wurde. Dazu gibt man einen **Maßstab** an. Ein Maßstab besteht aus 2 Zahlen, zwischen denen das Zeichen für „geteilt durch“ steht:

2 : 1 oder 1 : 100

Man spricht das „geteilt durch“-Zeichen als „zu“:

„2 zu 1“ oder „1 zu 100“

- Die erste Zahl gehört zur Zeichnung. **Ist die erste Zahl die größere, ist die Zeichnung vergrößert.**
- Die zweite Zahl gehört zum Gegenstand. **Ist die zweite Zahl größer,** ist der Gegenstand größer. Dann ist also **die Zeichnung verkleinert.**

Ein gezeichneter Käfer im Maßstab 2 : 1 ist zweimal so groß wie der echte Käfer. Wenn ein Haus im Maßstab 1 : 100 gezeichnet ist, ist das echte Haus 100-mal größer als das gezeichnete.

Dabei muss man **maßstabsgetreu** vergrößern oder verkleinern. Das bedeutet, dass man Breite und Länge in gleicher Weise, also mit der gleichen Zahl, verändern muss.

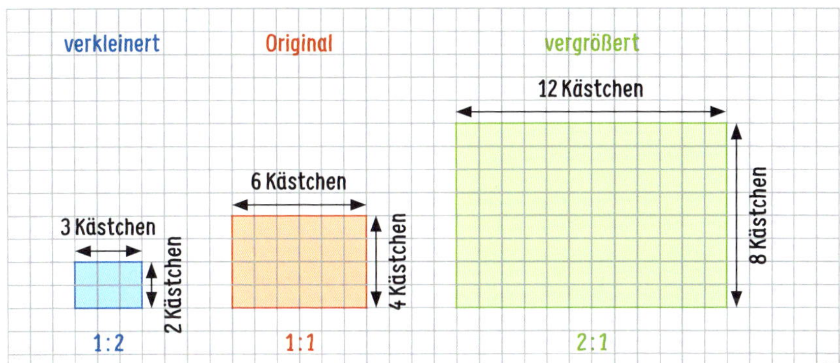

Wir möchten das rote Rechteck verkleinern im Maßstab 1 : 2 und vergrößern im Maßstab 2 : 1.

Eine **Verkleinerung** im Maßstab 1 : 2 bedeutet, dass wir die Breite **und** die Länge des roten Rechtecks durch 2 teilen müssen. Wir erhalten das blaue Rechteck.

Eine **Vergrößerung** im Maßstab 2 : 1 bedeutet, dass wir die Breite und die Länge des Rechtecks mit 2 malnehmen müssen. Wir erhalten das grüne Rechteck.

Symmetrie

Symmetrie ist eine Eigenschaft von Figuren. Es gibt mehrere Arten der Symmetrie. Wenn man im Alltag sagt, etwas ist symmetrisch, dann meint man meist, dass es **achsensymmetrisch** ist.

Achsensymmetrie

Wenn man in eine Figur eine Linie zeichnet, wird sie durch die Linie in zwei Teile geteilt. Wenn man die Figur an der Linie faltet, dann liegen die beiden Teile aufeinander. Wenn sich beide Teile dabei **genau überdecken**, dann ist die Figur **achsensymmetrisch**.

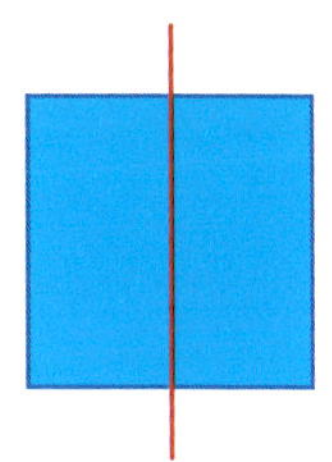

Wir zeichnen eine Linie von oben nach unten durch das Quadrat. Wenn wir das Quadrat an der Linie falten, dann überdecken sich beide Hälften genau. Das Quadrat ist achsensymmetrisch.

Die Linie heißt **Symmetrieachse**.

Es gibt auch Figuren mit **mehreren** Symmetrieachsen.

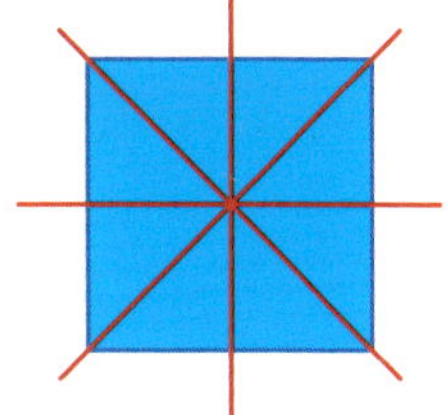

Wir probieren, ob wir durch das Quadrat weitere Symmetrieachsen zeichnen können.
Wir finden 4 Symmetrieachsen.

Wenn man nur die Hälfte einer Figur hat, kann man sie zu einer achsensymmetrischen Figur ergänzen.

Wir haben eine halbe Figur und eine Symmetrieachse. Wir möchten die Figur zu einer ganzen, achsensymmetrischen Figur ergänzen. Dazu suchen wir uns Punkte in der Figur. Wir zählen ab, wie weit die Punkte von der Symmetrieachse entfernt liegen. Wir zeichnen im gleichen Abstand auf der anderen Seite der Symmetrieachse einen Punkt.

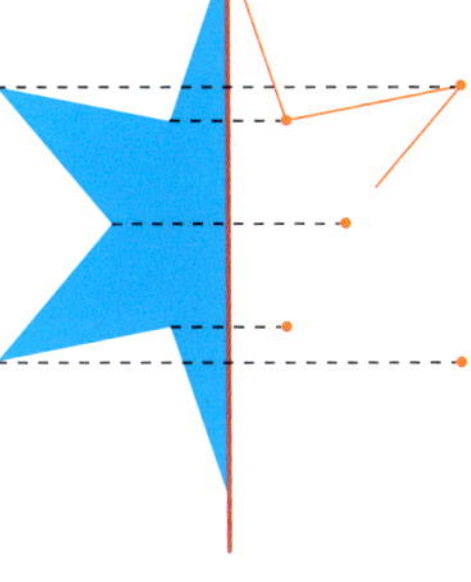

Spiegeln

Wenn man einen **Spiegel** auf die **Symmetrieachse** stellt, verdeckt der Spiegel die zweite Hälfte der Figur. Gleichzeitig ist aber im Spiegel das Spiegelbild der ersten Hälfte der Figur zu sehen. Dieses **Spiegelbild** sieht genauso aus wie die verdeckte Hälfte der Figur.

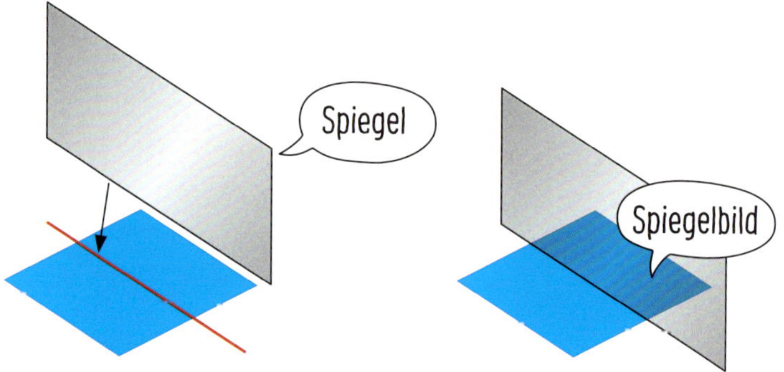

Weil das Spiegelbild genauso aussieht wie die fehlende Hälfte, sagt man zu einer achsensymmetrischen Figur auch **spiegelsymmetrisch**. Die Symmetrieachse nennt man deshalb auch **Spiegelachse**.

Man sagt auch, die beiden Hälften einer achsensymmetrischen Figur sind **spiegelbildlich** zueinander.

Auch **zwei** Figuren können spiegelbildlich zueinander sein.

Die beiden Dreiecke sind spiegelbildlich zueinander.

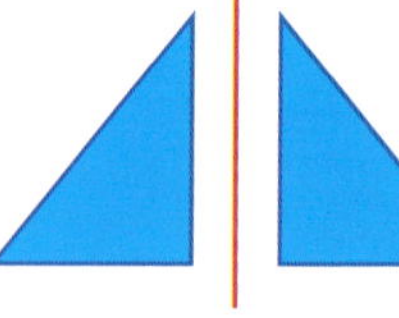

Drehsymmetrie

Eine weitere Art der Symmetrie ist die **Drehsymmetrie**. Wenn man eine Figur so **drehen** kann, dass sie wieder genauso aussieht wie vor der Drehung, dann ist sie **drehsymmetrisch**. Dabei darf es **keine vollständige** Drehung sein!

Wenn wir diesen zweifarbigen Stern einmal halb drehen, sieht er wieder so aus wie vor der Drehung. Unser Stern ist **drehsymmetrisch**.

Nun drehen wir den bunten Stern. Wir stellen fest, dass der Stern erst nach einer vollständigen Drehung wieder so aussieht wie vorher. Dieser Stern ist deshalb **nicht** drehsymmetrisch.

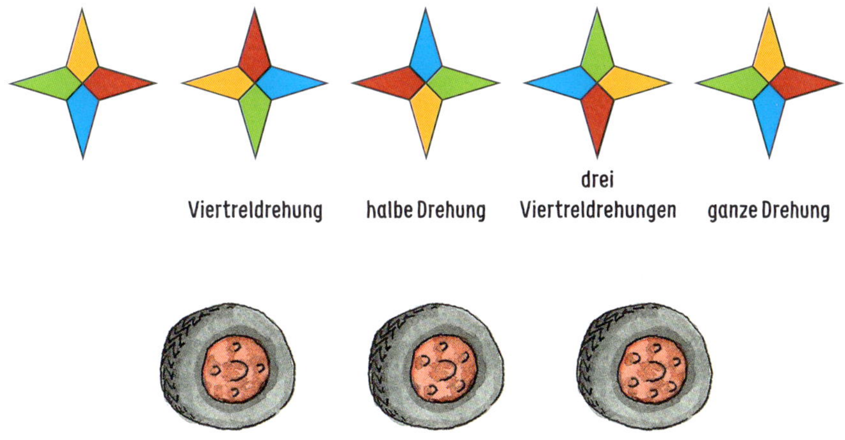

Daten und wie man sie bekommt

Daten sind **Angaben** zu Dingen, Personen, Situationen oder Ereignissen. In der Mathematik sind Daten meistens **Zahlenwerte**.

Das Wort „Daten“ ist ein Wort in der **Mehrzahl**. Mit Daten sind also immer mehrere Angaben oder Zahlenwerte gemeint. Manchmal möchte man aber von einem einzelnen Wert sprechen. Dann benutzt man meistens das Wort **Wert** oder das Wort **Zahlenwert**.

Daten bekommt man zum Beispiel, indem man
- etwas **beobachtet** oder
- etwas **misst** oder
- eine **Umfrage** macht.

Lea **beobachtet**, wie die anderen Kinder aus ihrer Klasse zur Schule kommen:
8 Kinder kommen mit dem Fahrrad.
5 Kinder kommen mit dem Schulbus.
9 Kinder werden von ihren Eltern mit dem Auto gebracht.

Die Leiterin der Schulkantine macht eine **Umfrage** zu den Lieblingsgetränken der Kinder. Sie fragt 36 Kinder:
12 Kinder trinken am liebsten Milch.
8 Kinder mögen am liebsten Kakao.
16 Kinder trinken am liebsten Apfelsaft.

Leas Vater ist Meteorologe. Er **misst** jeden Morgen die Temperatur und schreibt die Werte auf:
Montag: 2 Grad
Dienstag: 0 Grad
Mittwoch: 1 Grad

Das Wort „Daten" gibt es auch in der Einzahl: Es lautet Datum. Das Wort Datum wird aber für Zeitangaben verwendet: Das Datum von Louisas Geburtstag ist der 14. September.

Strichlisten

Man kann **Daten** in einer **Strichliste** notieren. Wenn man bestimmte Dinge oder Ereignisse zählt, macht man für jedes Ding oder für jedes Ereignis einen **Strich**.

Wir beobachten, wie die anderen Kinder der Klasse zur Schule kommen: Manche kommen mit dem Fahrrad, manche mit dem Schulbus und manche werden von ihren Eltern mit dem Auto gebracht.

Wir **führen** eine Strichliste.

Fahrrad: 卌 |||

Schulbus: 卌

Auto: 卌 ||||

Wenn man mit dem 5. Strich die ersten 4 Striche durchstreicht, dann entstehen Fünfer-Päckchen. Man kann so die Striche leichter zählen.

Wenn man die Striche zählt, dann weiß man, wie oft ein Ereignis aufgetreten ist.

Wir zählen die Striche und wissen dann:
8 Kinder sind mit dem Fahrrad gekommen,
5 Kinder sind mit dem Schulbus gekommen,
9 Kinder wurden von den Eltern mit dem Auto gebracht.

Tabellen

Man kann **Daten** in eine **Tabelle** eintragen. Das ist eine sehr übersichtliche Darstellung.

Eine Tabelle besteht aus mehreren Feldern. Man nennt diese Felder **Tabellenzelle** oder einfach **Zelle**.

Es gibt Reihen von Zellen, die **nebeneinander**stehen. Eine solche Reihe nennt man **Tabellenzeile** oder kurz **Zeile**.

Es gibt Reihen von Zellen, die **untereinander**stehen. Eine solche Reihe nennt man **Tabellenspalte** oder kurz **Spalte**.

Wir tragen die Zahlenwerte für jedes Verkehrsmittel in eine Tabelle ein.

Dies ist eine Zeile.

Fahrrad	Schulbus	Auto
8	5	9

Dies ist ne Spalte.

Fahrrad	Schulbus	Auto
8	5	9

In den Tabellenzellen stehen meistens **Zahlenwerte**. Nur in den Zellen der **ersten Zeile** stehen oft Begriffe. Die Begriffe **erläutern**, was die Zahlen in den Zellen **darunter** bedeuten. Diese Zellen in der ersten Zeile nennt man **Spaltenköpfe**.

Die erste Zeile als Ganzes nennt man **Kopfzeile** oder **Tabellenkopf**.

Dies ist ein Spaltenkopf.

Fahrrad	Schulbus	Auto
8	5	9

Im ersten Spaltenkopf steht „Fahrrad". Die Zahl in der Zelle darunter gibt also die Anzahl der Radfahrer an: 8 Kinder kommen mit dem Fahrrad.

Oft stehen auch in der **ersten Spalte** Begriffe. Diese erläutern, was die Zahlen in den Zellen **daneben** bedeuten. Dann heißen die Zellen der ersten Spalte **Zeilenköpfe**.

Die erste Spalte als Ganzes nennt man **Vorspalte**.

Wir beobachten jetzt, wie die Kinder aus der 1. **und** aus der 2. Klasse zur Schule kommen. Wir tragen die Daten in eine Tabelle ein.

Dies ist ein Zeilenkopf.

	Fahrrad	Schulbus	Auto
Klasse 1	8	5	9
Klasse 2	10	6	4

Im zweiten **Zeilenkopf** steht „Klasse 2". Die Zahlen in den Zellen rechts daneben sagen also, wie die Kinder aus Klasse 2 zur Schule kommen: 10 Kinder nehmen das Fahrrad, 6 Kinder den Schulbus und 4 Kinder werden von den Eltern mit dem Auto gebracht.

Wenn eine Tabelle Spaltenköpfe **und** Zeilenköpfe hat, dann muss man sich **beides** ansehen. Dann versteht man, was ein Zahlenwert in einer Tabellenzelle bedeutet.

	Fahrrad	**Schulbus**	**Auto**
Klasse 1	8	5	9
Klasse 2	10	6	4

Die markierte Zelle hat den Spaltenkopf „Auto" und den Zeilenkopf „Klasse 2".
Damit können wir in der Tabelle ablesen, dass 4 Kinder aus der Klasse 2 von den Eltern mit dem Auto zur Schule gebracht werden.

Diagramme

Daten kann man übersichtlich als **Zeichnung** darstellen. Diese Zeichnungen nennt man **Schaubilder** oder **Diagramme**.

Es gibt verschiedene Arten von Diagrammen.

Säulendiagramm

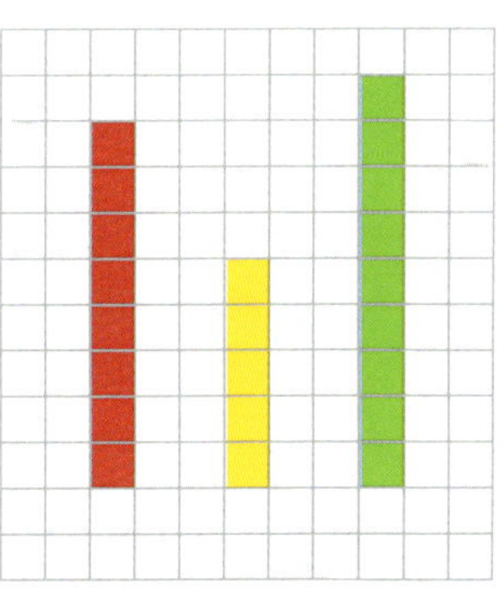

In einem **Säulendiagramm** wird für jeden Zahlenwert ein **senkrechter** Streifen eingezeichnet. Diese senkrechten Streifen nennt man **Säulen**.

Ein Säulendiagramm hat außerdem noch zwei **Achsen** – eine **senkrechte** und eine **waagerechte**.

An der **senkrechten Achse** stehen die Zahlenwerte zur **Länge der Säulen**.

Wir haben beobachtet:
8 Kinder kommen mit dem Fahrrad,
5 Kinder kommen mit dem Schulbus,
9 Kinder werden mit dem Auto gebracht.

Achsen sind Linien. Meistens tragen sie eine Beschriftung, die einem hilft, ein Diagramm zu verstehen.

Der größte Wert ist 9. Oft ist es praktisch, den Wert 1 durch 1 Rechenkästchen darzustellen. Die Säule zum Wert 9 ist dann 9 Rechenkästchen hoch.

Wir zeichnen also eine senkrechte Achse und schreiben die Zahlen von 1 bis 9 an die Achse.

An der **waagerechten Achse** steht, zu welchen Ereignissen die Zahlenwerte gehören.

Wir schreiben also an die waagerechte Achse die verschiedenen Verkehrsmittel: Fahrrad, Schulbus, Auto.

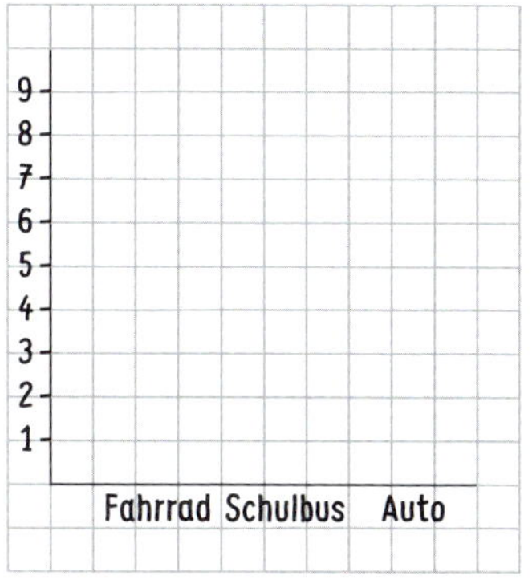

Wenn man die Achsen gezeichnet hat, zeichnet man die Säulen. Die **Länge** der Säulen erhält man aus den **Zahlenwerten**.

Wir müssen in unserem Säulendiagramm die Werte 8, 5 und 9 darstellen.
Den Wert 1 stellen wir durch 1 Rechenkästchen dar.
Die Säulen sind dann 8 Kästchen, 5 Kästchen und 9 Kästchen hoch.

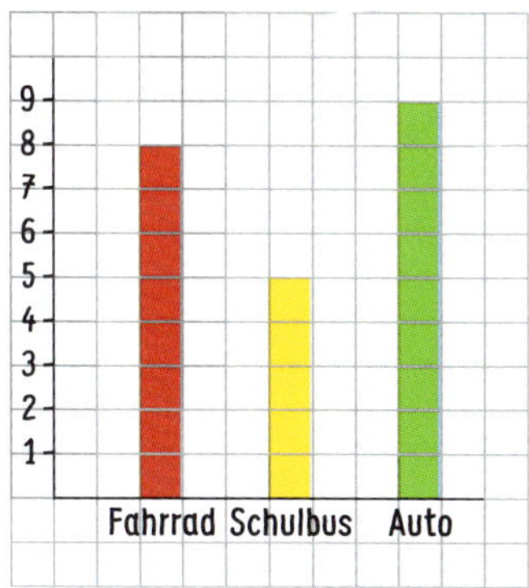

Daten ablesen

Aus einem fertigen Diagramm kann man die Zahlenwerte **ablesen**.

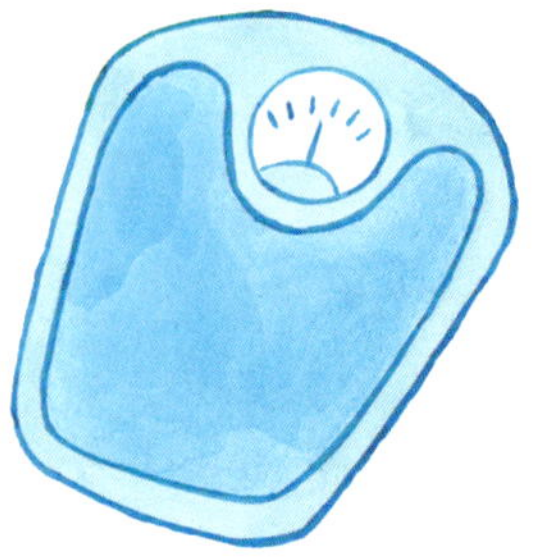

Wenn man meint, dass Werte von der Anzeige eines Gerätes oder aus einem Diagramm bestimmt werden sollen, sagt man „ablesen“: „Lea liest ihr Gewicht auf der Anzeige der Waage ab.“

Wenn man den Zahlenwert zu einer Säule ablesen möchte, geht man vom **oberen** Ende der Säule **entlang der Kästchenlinie** bis zur senkrechten Achse. Der Wert, bei dem man die Achse erreicht, ist der gesuchte Zahlenwert.

Zur ersten Säule lesen wir ab: 8 Kinder kommen mit dem Fahrrad.

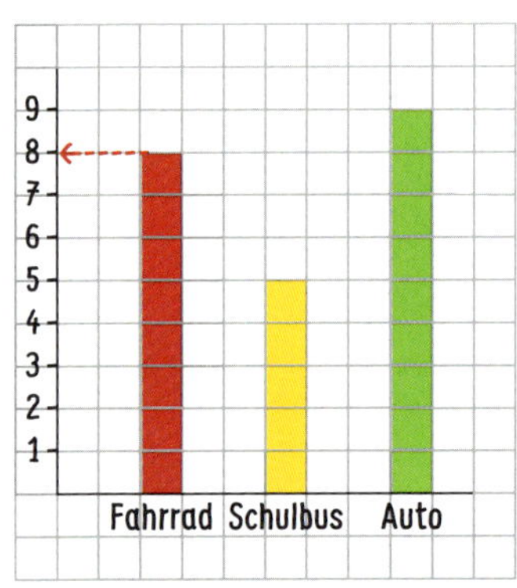

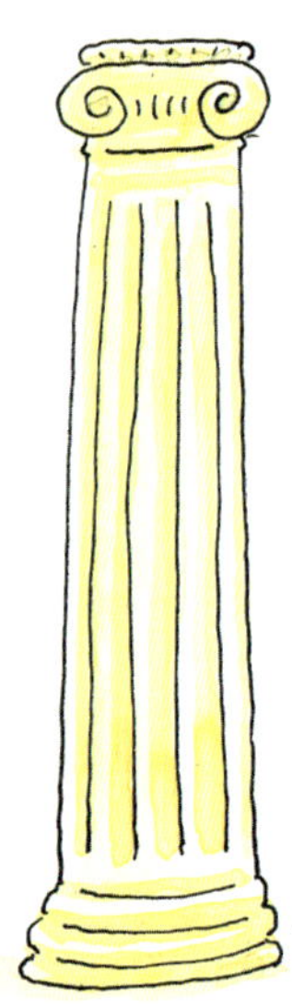

Balkendiagramm

Im Balkendiagramm wird für jeden Zahlenwert ein **waagerechter** Streifen eingezeichnet. Diese waagerechten Streifen nennt man **Balken**. Die **Länge** der Balken erhält man aus dem **Zahlenwert**.

Ein Balkendiagramm hat eine **waagerechte** und eine **senkrechte Achse**. An der waagerechten Achse stehen die Zahlenwerte zur Länge der Balken. An der senkrechten Achse stehen die Bezeichnungen für die Ereignisse oder Dinge.

Wenn wir zu unseren Daten ein Balkendiagramm zeichnen, sieht dieses so aus:

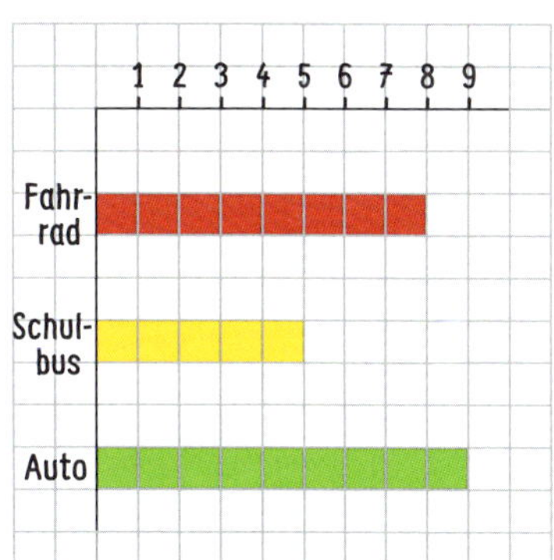

Säulen gibt es in einigen Kirchen. Säulen stehen senkrecht und stützen oft ein Dach.
Balken liegen waagerecht. Alte Häuser haben zum Beispiel Balken in den Zimmerdecken.

Streifendiagramm

Ein **Streifendiagramm** besteht aus einem langen Streifen. Der Streifen ist in Felder unterteilt. Für jedes Ereignis gibt es ein Feld.

Wir haben beobachtet:
- 8 Kinder, die mit dem Fahrrad kommen,
- 5 Kinder, die mit dem Schulbus kommen,
- 9 Kinder, die mit dem Auto gebracht werden.

Insgesamt: 8 Kinder + 5 Kinder + 9 Kinder = 22 Kinder.
Wir müssen den Streifen also in 22 Felder unterteilen.
Wir nehmen für jedes Feld ein Rechenkästchen.

Nun färbt man immer so viele Kästchen, wie der Zahlenwert angibt.

Wir färben 8 Kästchen für die 8 Radfahrer, 5 Kästchen für die 5 Kinder, die mit dem Bus fahren, und 9 Kästchen für die 9 Kinder, die mit dem Auto gebracht werden.

Fahrrad | Schulbus | Auto

Kreisdiagramm

Ein **Kreisdiagramm** ist immer ein vollständiger **Kreis**. Der vollständige Kreis steht für **alle** beobachteten Ereignisse.

Für jede **Art** von Ereignis färbt man einen **Teil** des Kreises.

> Wir haben 22 Kinder beobachtet: 8 kommen mit dem Rad, 5 mit dem Bus und 9 mit dem Auto. Unser Kreis steht also für 22 Kinder.
> Wir haben 3 verschiedene Verkehrsmittel beobachtet. Wir teilen den Kreis also in 3 Teile ein.

Je größer der **Zahlenwert** ist, desto größer ist auch der Kreisteil. Der Kreis sieht dann aus wie eine Torte, die in ungleiche Stücke geschnitten ist.

> Der kleinste Zahlenwert gehört zu den Kindern, die mit dem Schulbus kommen.
> Wir sehen deshalb, dass das rechte Kreisdiagramm das richtige ist. Das linke ist falsch, denn dort ist der Kreisteil für die Radfahrer der kleinste.

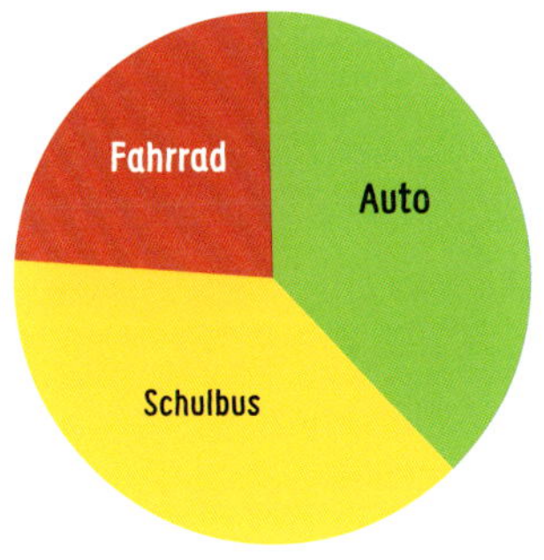

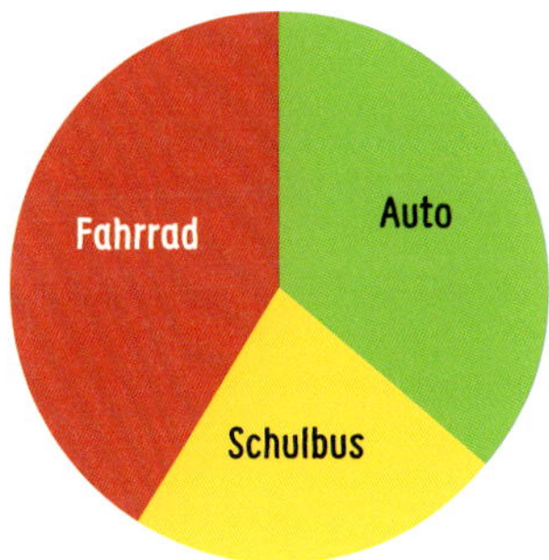

Zufallsexperimente

Wenn man ein **Experiment** durchführt, möchte man herausfinden, was dabei geschieht.

Wir werfen einen Würfel sehr oft nacheinander. Wir möchten herausfinden, ob eine Augenzahl häufiger erscheint als die anderen Augenzahlen.

Beim Würfeln weiß man vorher nicht, welche Augenzahl oben liegt. Es ist **Zufall**, welche Augenzahl oben liegt. Deshalb ist das Werfen eines Würfels ein **Zufallsexperiment**.

Andere **Zufallsexperimente** sind zum Beispiel:
- eine Münze werfen,
- ein Glücksrad drehen,
- ein Los ziehen.

Ein anderes Wort für Experiment ist Versuch. Deshalb nennt man ein Zufallsexperiment auch Zufallsversuch.

Ergebnisse von Zufallsexperimenten

Beim Werfen eines Würfels ist die Augenzahl das **Ergebnis**.

Wir werfen einen Würfel. Der Würfel zeigt die Augenzahl 2. Die Augenzahl 2 ist das Ergebnis von unserem Wurf.

Man unterscheidet **drei Arten** von Ergebnissen.

Ergebnisse von Zufallsexperimenten

Ergebnis	Bedeutung
unmöglich	Ein unmögliches Ergebnis kommt **nie** vor.
möglich	Ein mögliches Ergebnis **kann** vorkommen. Es muss aber nicht vorkommen.
sicher	Ein sicheres Ergebnis kommt **immer** vor.

Wir werfen einen gewöhnlichen Würfel. Der Würfel hat die Augenzahlen 1 bis 6. Der Würfel wird niemals eine 7 zeigen. Die Augenzahl 7 ist ein **unmögliches** Ergebnis.

Die Augenzahl 3 ist ein **mögliches** Ergebnis. Da der Würfel auf einer Seite die Augenzahl 3 trägt, kann eine 3 als Ergebnis eines Wurfs auftreten.

Wir werfen einen Würfel, der auf allen 6 Seiten die Augenzahl 4 trägt. Dieser Würfel zeigt bei jedem Wurf immer eine 4. Die Augenzahl 4 ist ein **sicheres** Ergebnis.

Wahrscheinlichkeiten

Bei **Zufallsexperimenten** weiß man vorher nicht, welches Ergebnis man erhält. Man kann trotzdem oft vorhersagen, ob ein Ergebnis **wahrscheinlicher** ist als ein anderes. Man sagt: Die Ergebnisse haben eine größere oder kleinere **Wahrscheinlichkeit**.

Ein Ergebnis hat eine **größere** Wahrscheinlichkeit, wenn es **mehr Möglichkeiten** gibt für dieses Ergebnis.

> Wir haben ein großes Glas mit 10 hellblauen und 5 dunkelblauen Kugeln. Wir haben also 10 **Möglichkeiten**, eine hellblaue Kugel zu nehmen. Wir haben aber nur 5 Möglichkeiten, eine dunkelblaue Kugel zu nehmen.
>
> Wir greifen nun mit geschlossenen Augen in das Glas.
>
> Eine hellblaue Kugel zu erwischen, hat eine **größere** Wahrscheinlichkeit. Eine dunkelblaue Kugel zu erwischen, hat eine **kleinere** Wahrscheinlichkeit.

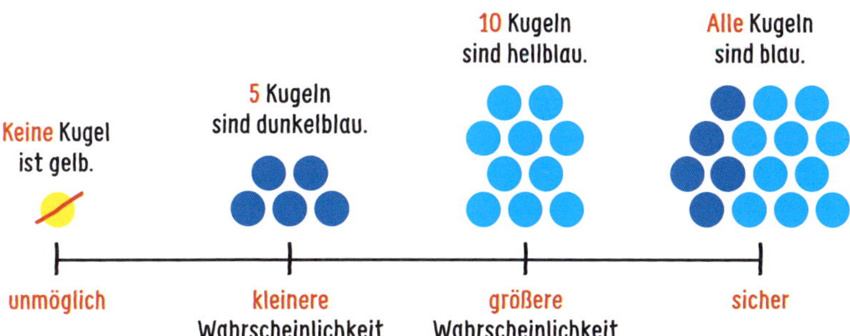

Alle Kugeln sind blau. Es ist deshalb **sicher**, dass wir eine blaue Kugel greifen. Es ist **unmöglich**, dass wir eine gelbe Kugel greifen.

Kombinatorik

Der Begriff **Kombinatorik** hat mit dem Wort **kombinieren** zu tun. Man kombiniert mehrere Dinge, indem man sie **zusammenstellt** oder zusammen **anordnet**.

Lea kombiniert den roten Pulli mit der weißen Hose.

Bei Zufallsexperimenten werden **Ergebnisse** kombiniert. Dann wird gezählt, **wie viele Kombinationen** es gibt.

Wir haben ein Gefäß mit gleich vielen grünen, blauen und gelben Kugeln. Wir ziehen 2 Kugeln **auf einmal**.

Für ein Paar aus 2 Kugeln gibt es 6 Möglichkeiten, die 3 Farben zu kombinieren:

Für 2 grüne Kugeln gibt es 1 mögliches Paar: 1 grüne Kugel und noch 1 grüne Kugel.

Für **genau** 1 grüne Kugel gibt es 2 mögliche Paare: 1 grüne Kugel mit 1 blauen oder 1 gelben Kugel.

Wenn wir gar keine grüne Kugel ziehen möchten, gibt es 3 mögliche Paare:

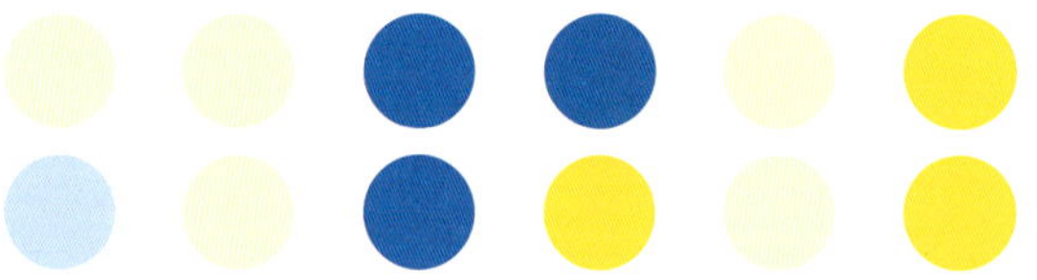

Je **mehr Möglichkeiten** es gibt, desto **größer** ist die **Wahrscheinlichkeit**.

Es gibt
- 3 Möglichkeiten, dass wir **keine** grüne Kugel ziehen.
- 2 Möglichkeiten, dass wir **genau 1** grüne Kugel ziehen.
- 1 Möglichkeit, dass wir **2** grüne Kugeln ziehen.

Es ist also am wahrscheinlichsten, dass wir keine grüne Kugel ziehen. Es ist am wenigsten wahrscheinlich, dass wir 2 grüne Kugeln ziehen.

Baumdiagramme

Man kann das **gleiche Zufallsexperiment mehrmals nacheinander** ausführen. Dann will man oft wissen, welche Kombinationen von Ergebnissen aus den einzelnen Zufallsexperimenten möglich sind.

Das sieht man leicht, wenn man die **möglichen** Ergebnisse in einem **Baumdiagramm** darstellt.

Ein Baumdiagramm hat eine Form, die einer verzweigten Baumkrone ähnlich ist.

Wir haben ein Gefäß mit gleich vielen grünen, blauen und gelben Kugeln. Wir möchten 2 Kugeln **nacheinander** ziehen. Wir möchten wissen, welche Ergebnisse möglich sind. Deshalb zeichnen wir ein Baumdiagramm.

Im ersten Schritt zeichnet man die möglichen Ergebnisse für das **erste** Zufallsexperiment. Man zeichnet für **jede Möglichkeit** eine Linie. Die Linien beginnen am selben Punkt.

Wir können eine grüne, eine gelbe oder eine blaue Kugel ziehen. Es gibt also 3 mögliche Ergebnisse. Deshalb zeichnen wir 3 Linien, für jede Farbe eine Linie.

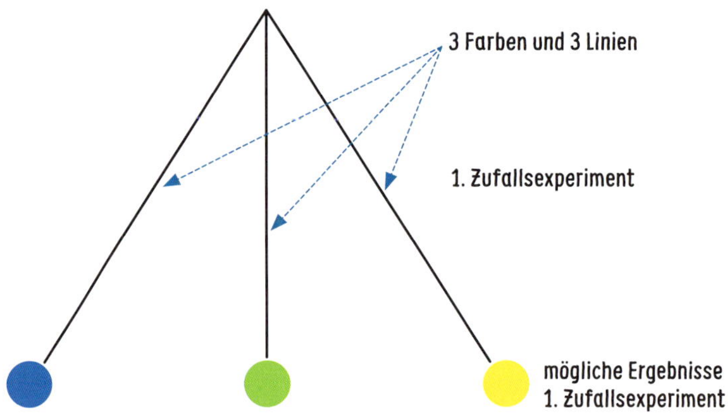

Im zweiten Schritt zeichnet man die Ergebnisse aus dem **zweiten** Zufallsexperiment. Man zeichnet wieder für jede Möglichkeit eine Linie. Diese Linien muss man jetzt aber an **jedes** Ergebnis aus dem ersten Zufallsexperiment zeichnen.

Auch im zweiten Zufallsexperiment können wir eine grüne, eine gelbe oder eine blaue Kugel ziehen. Es gibt also wieder 3 verschiedene mögliche Ergebnisse. Deshalb zeichnen wir 3 Linien an jedes mögliche Ergebnis aus dem ersten Zufallsexperiment.

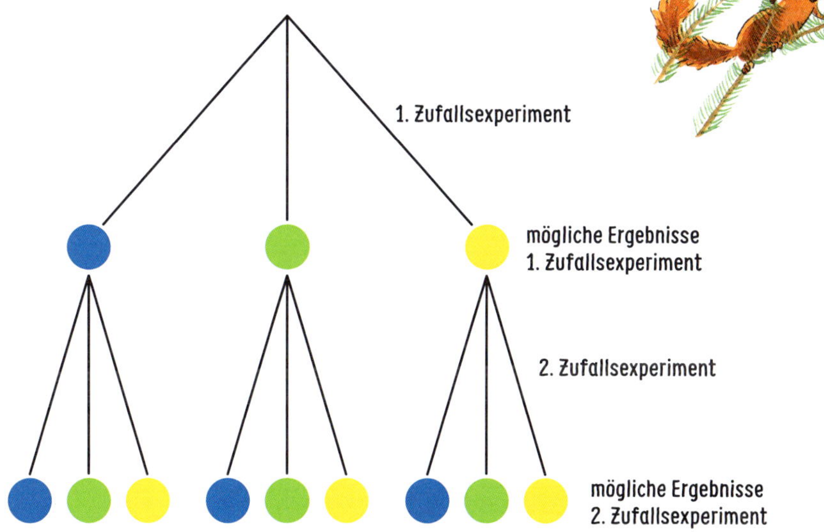

In der letzten Zeile des Baumdiagramms kann man abzählen, wie viele Kombinationen von Ergebnissen es gibt.

Im ersten Zufallsexperiment gibt es 3 mögliche Ergebnisse. Im zweiten Zufallsexperiment gibt es zu jedem wieder 3 mögliche Ergebnisse. Insgesamt gibt es deshalb 3 · 3 = 9 mögliche Kombinationen von Ergebnissen der beiden Experimente:

{🔵; 🔵}, {🔵; 🟢}, {🔵; 🟡}, {🟢; 🔵}, {🟢; 🟢}, {🟢; 🟡}, {🟡; 🔵}, {🟡; 🟢}, {🟡; 🟡}.

(über jedem Paar: 1 2)

Natürliche Zahlen

Bündeln

Es werden immer 10 zusammengefasst:

10 Einer (•) ergeben 1 Zehner (▮).

10 Zehner (▮) ergeben 1 Hunderter (▦).

10 Hunderter (▦) ergeben 1 Tausender (▩).

Die Zahl 47 besteht aus 4 Zehnern und 7 Einern: ▮▮▮▮ •••••••

Stellentafel oder Stellenwerttafel

Tausender	Hunderter	Zehner	Einer
T	**H**	**Z**	**E**
		4	7

4 **Zehner** und 7 **Einer**

47 ist eine zweistellige Zahl.

Das **Zahlwort** für 47 ist siebenundvierzig.

In einer Hundertertafel kann man die Anordnung der Zahlen untersuchen.

1	2	3	4	5	6	7	8	9	10
11									20
21									30
31									40
41						47			50
51									60
61									70
71									80
81									90
91									100

Welche Zahlen stehen unter der 4?

14, 24, 34, 44, 54, 64, 74, 84, 94

Zahlenstrahl

Der Abstand zwischen den Zehnerzahlen ist immer gleich groß.

50 ist in der Mitte zwischen 0 und 100.

0 10 20 30 40 **50** 60 70 80 90 100

Zahlen vergleichen

35 ist größer als 18.
35 > 18

108 ist kleiner als 180.
108 < 180

Die Zahlen 13, 82, 45, 6, 29, 66 der Größe nach ordnen und mit der kleinsten Zahl beginnen: 6, 13, 29, 45, 66, 82.

Zahlzerlegungen

10 kann man auf verschiedene Weise in zwei Teilmengen **zerlegen**.

1 und 9 sind 10.
2 und 8 sind 10.
3 und 7 sind 10.
4 und 6 sind 10.
5 und 5 sind 10.
6 und 4 sind 10.
7 und 3 sind 10.
8 und 2 sind 10.
9 und 1 sind 10.

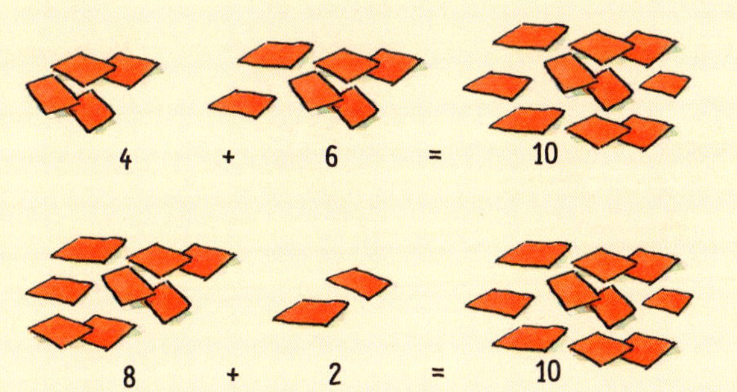

Zu einer Zahl ergänzen

Von 7 bis 10 fehlen 3.

Ergänze bis 100:
80 + ? = 100
80 + 20 = 100

Nachbarzahlen

Der Vorgänger von 47 ist 46.
Der Nachfolger von 47 ist 48.

47 ist **rund** 50.

40 und 50 **sind Nachbahrzehner von** 47.

Rechnen

Tauschaufgaben

Bei der Addition dürfen wir die Tauschaufgabe bilden.

Aufgabe: 3 + 12 = 15

Tauschaufgabe: 12 + 3 = 15

Bei der Subtraktion dürfen wir **keine** Tauschaufgabe bilden!

Addition

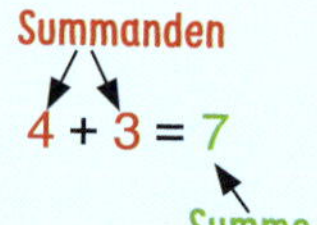

Man spricht:
4 plus 3 gleich 7

Subtraktion

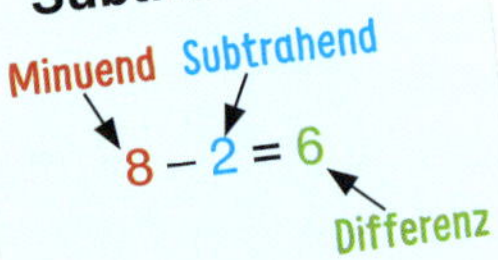

Man spricht:
8 minus 2 gleich 6

Umkehraufgaben

Die Umkehraufgabe zu einer Addition ist die passende Subtraktion:

Aufgabe: 15 + 5 = 20

Umkehraufgabe: 20 – 5 = 15

Hinzufügen kann man umkehren durch wegnehmen.

Die Umkehraufgabe zu einer Subtraktion ist die passende Addition:

Aufgabe: 39 – 10 = 29

Umkehraufgabe: 29 + 10 = 39

Verringern kann man umkehren durch vermehren.

Tauschaufgaben

Bei der Multiplikation dürfen wir die Tauschaufgabe bilden.

Aufgabe: $13 \cdot 2 = 26$

Tauschaufgabe: $2 \cdot 13 = 26$

Bei der Division dürfen wir **keine** Tauschaufgabe bilden!

Multiplikation

Faktoren

$3 \cdot 5 = 15$

Produkt

Man spricht:

3 mal 5 gleich 15

Division

Dividend Divisor

$8 : 4 = 2$

Quotient

Man spricht:

8 geteilt durch 4 gleich 2

Umkehraufgaben

Die Umkehraufgabe zu einer Multiplikation ist die passende Division:

Aufgabe: $2 \cdot 7 = 14$

Umkehraufgabe: $14 : 7 = 2$

Vervielfachen kann man umkehren durch aufteilen.

Die Umkehraufgabe zu einer Division ist die passende Multiplikation:

Aufgabe: $12 : 3 = 4$

Umkehraufgabe: $4 \cdot 3 = 12$

Aufteilen kann man umkehren durch vervielfachen.

Größen

Längen

Einheiten: Kilometer, Meter, Dezimeter, Zentimeter, Millimeter

1 km = 1000 m
1 m = 10 dm = 100 cm = 1000 mm
1 dm = 10 cm
1 cm = 10 mm

Massen

Einheiten: Tonne, Kilogramm, Gramm, Milligramm

1 t = 1000 kg
1 kg = 1000 g
1 g = 1000 mg

Kommaschreibweise

3287 g = 3,287 kg
2573 m = 2,573 km

Rauminhalt

Einheiten: Liter und Milliliter

1 l = 1000 ml

Zeit

Einheiten: Jahr, Monat, Woche, Tag, Stunde, Minute, Sekunde

1 Jahr hat 12 Monate.
1 Tag hat 24 Stunden.
1 h = 60 min
1 min = 60 s

Rechnen mit Größen

Beim Addieren oder Subtrahieren müssen alle Werte **dieselbe Einheit** haben. Sonst musst du erst umwandeln.

Geometrie

Geraden und Winkel
Winkel
rechter Winkel
zueinander parallele Geraden
sich schneidende Geraden
zueinander senkrechte Geraden

Körper
Würfel
Quader
Pyramide
Zylinder
Kegel
Kugel

Flächen, Kanten und Ecken
8 Ecken
12 Kanten
6 Flächen

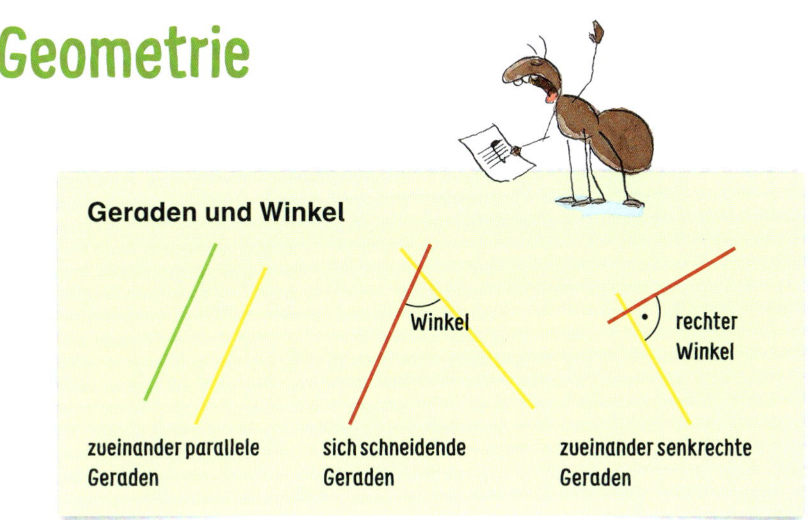

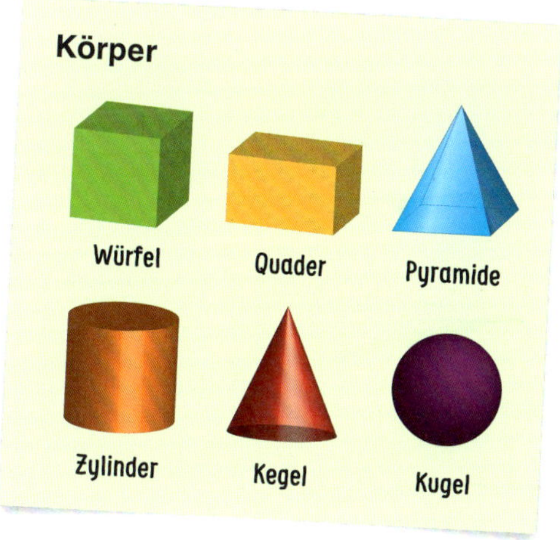

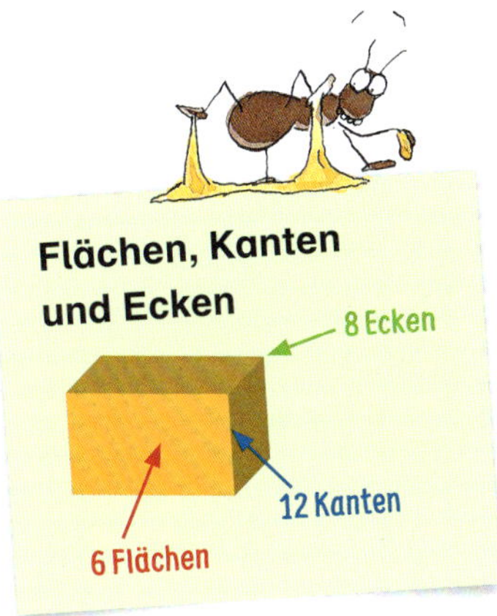

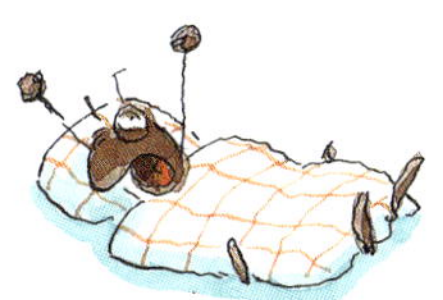

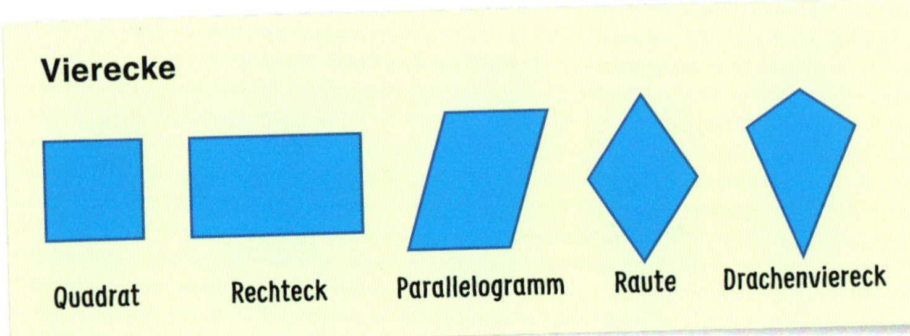
Vierecke
Quadrat
Rechteck
Parallelogramm
Raute
Drachenviereck

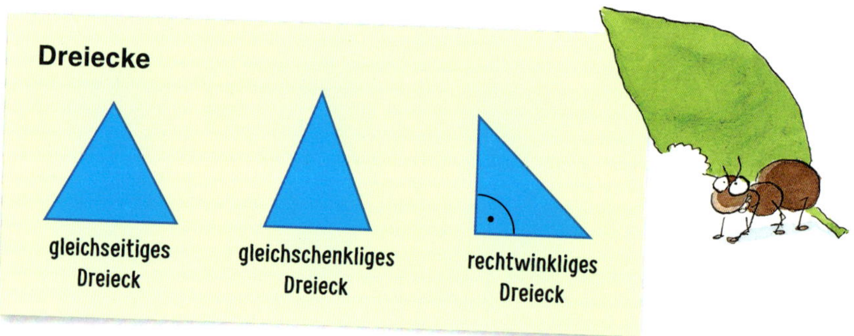
Dreiecke
gleichseitiges Dreieck
gleichschenkliges Dreieck
rechtwinkliges Dreieck

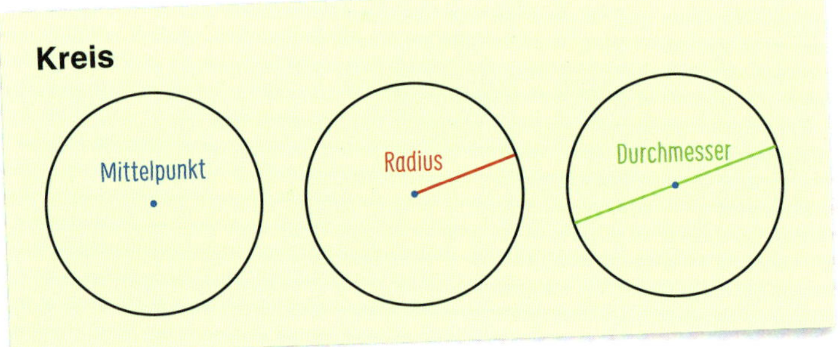
Kreis
Mittelpunkt
Radius
Durchmesser

Flächeninhalt

Der Flächeninhalt der Figur beträgt 12 Zentimeterquadrate.

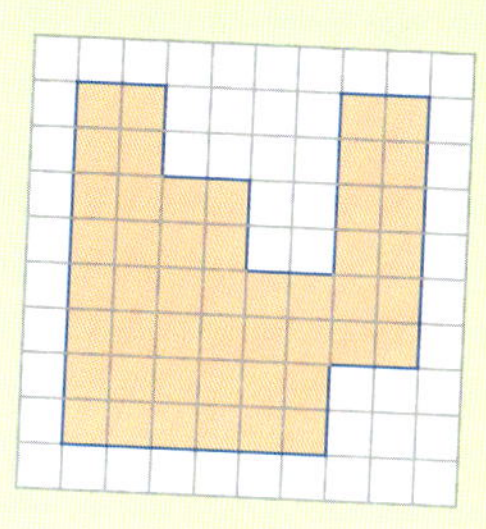

Umfang

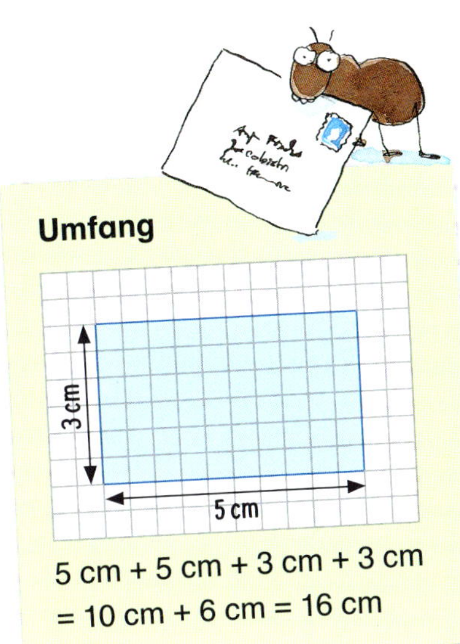

5 cm + 5 cm + 3 cm + 3 cm
= 10 cm + 6 cm = 16 cm

Maßstab

2 : 1
Die Zeichnung ist doppelt so groß wie das Original.

1 : 2
Die Zeichnung ist halb so groß wie das Original. Also ist das Original doppelt so groß wie die Zeichnung.

Achsensymmetrie

Figuren mit einer Symmetrieachse sind achsensymmetrisch.

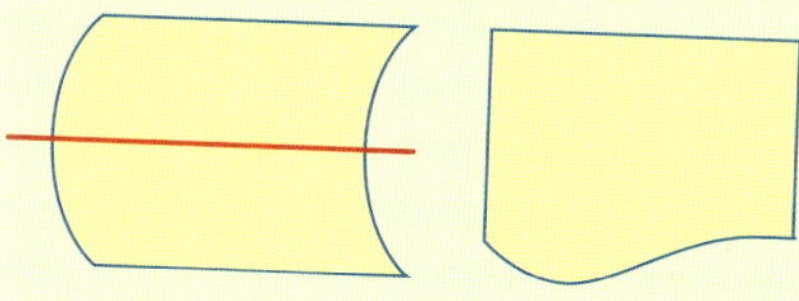

Daten und Zufall

Strichliste

Fahrrad: 𝍸 III
Schulbus: 𝍸
Auto: 𝍸 IIII

Tabelle

Fahrrad	Schulbus	Auto
8	5	9

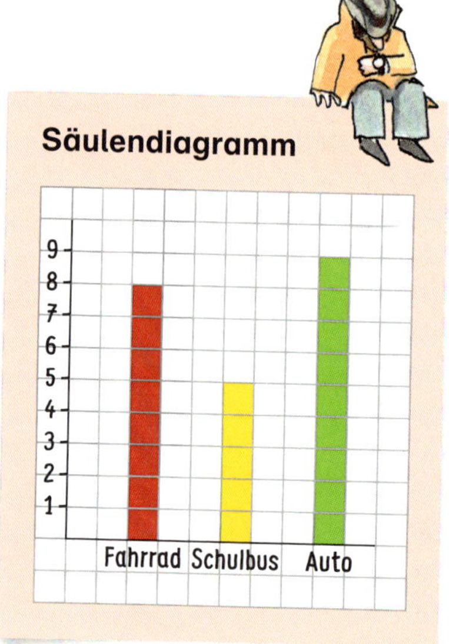

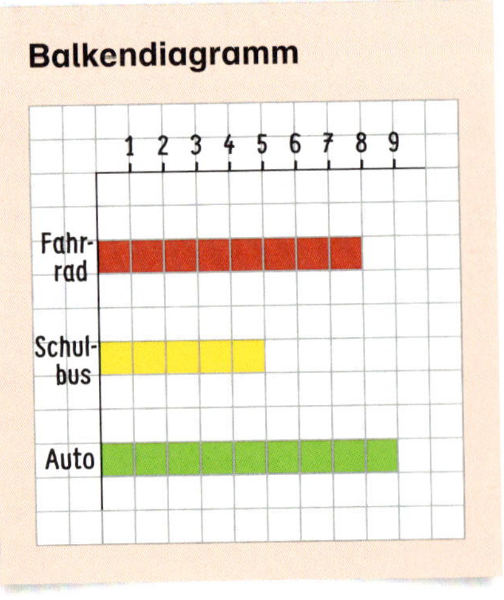

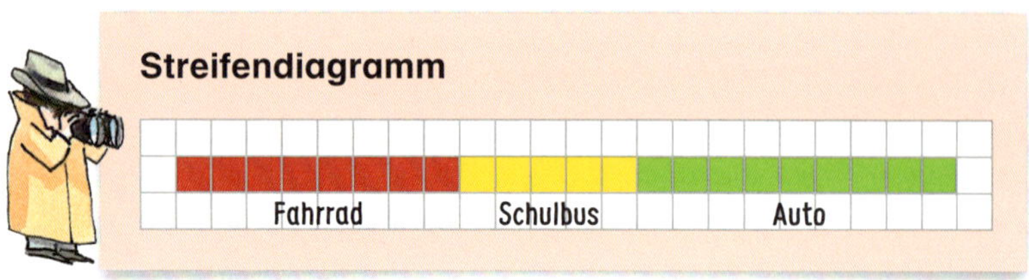

Zufallsexperimente

- einen Würfel werfen
- eine Münze werfen
- ein Glücksrad drehen
- ein Los ziehen

Ergebnisse eines Zufallsexperiments

Ein **unmögliches** Ergebnis kommt nie vor.
Ein **mögliches** Ergebnis kann vorkommen, muss aber nicht vorkommen.
Ein **sicheres** Ergebnis tritt jedes Mal ein.

Wahrscheinlichkeiten

Ein Glas enthält **10 hellblaue** und **5 dunkelblaue** Kugeln. Eine hellblaue Kugel zu erwischen, hat eine **größere** Wahrscheinlichkeit. Eine dunkelblaue Kugel zu erwischen, hat eine **kleinere** Wahrscheinlichkeit.

Baumdiagramme

Ein Gefäß enthält gleich viele grüne, blaue und gelbe Kugeln. Wir ziehen 2 Kugeln **nacheinander**.

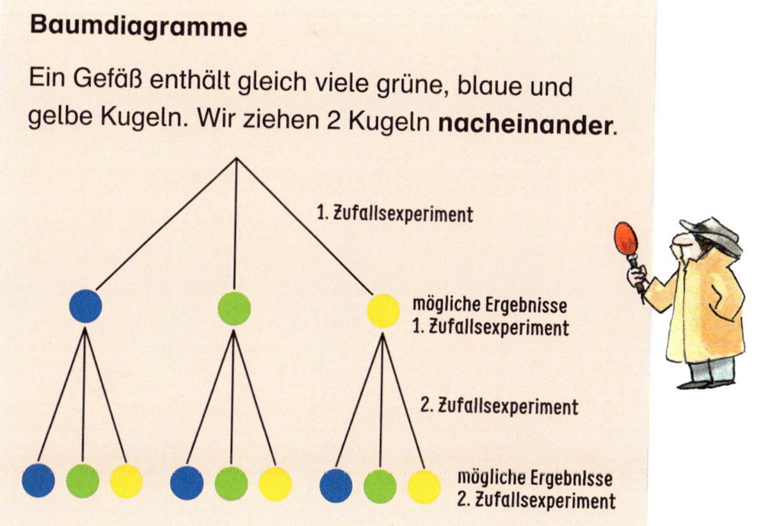

Register

T

U

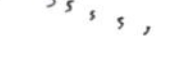

V